コウハウジング

欲しかったこんな暮らし！

子育て、安心、支え合う仲間たち…アメリカの新しい住まいづくり

コウハウジング研究会、チャールズ・デュレ、キャサリン・マッカマン著

風土社

日本の読者の皆様へ

ここ数年日本からの訪問者が増え、私たちはコウハウジングへの関心の高まりを感じています。

コミュニティ意識を高めるこの新しい住まいづくりの考え方は、脱工業社会である現代の多くの要請に応えるものです。日本の皆さんは私達がアメリカに合うよう工夫したように、このコンセプトを日本の社会や文化に合わせて修正されることでしょう。その時、コウハウジングの基本は参加のプロセスであることを忘れないようにすることが大切です。そこに将来住む人が参加して自分達の住環境に欲しいものに順位をつけること、そしてその人たちの間に強いコミュニティの意識を作り上げることに価値があるのです。

皆さんはどのような方法が日本に合うかこれから決めてゆくことでしょう。私達のアメリカでの経験が手引きとなり、ヒントになることを願っています。

キャサリン・ミチコ・マッカマン
チャールズ・デュレ

目次

本文スケッチ・イラスト／露木茜
本文デザイン・レイアウト／エディトーク・松永晃

はじめに

―本書の成り立ちとコウハウジングの概要―

本書の構成と出版の目的

本書を手にされた方の多くは『コウハウジング』という言葉を初めて目にされたのではないでしょうか。『コウハウジング』とは子育て中の核家族、一人暮らし、高齢者など様々な人たちが、物質的な豊かさよりも気を許せる人間関係や安全性、そして助け合いによる暮らしの豊かさを求めて始めた共生の住まい方の一つです。北欧で始まったこの住まい方をアメリカに紹介し、アメリカの生活に合うように変更しながらつくっていったキャサリン・マッカマンとチャールズ・デュレがコウハウジングの名付け親です。

本書は彼等が一九八八年にコウハウジングを紹介するために出版した著書「COHOUSING A Contemporary Approach to Housing Ourselves」（以下「コウハウジング」）第二版の一部と私達コウハウジング研究会のメンバーが取材したアメリカのコウハウジングの事例を紹介し、つくるプロセスと設計の基本、日本でつくるとすればどのような方法が考えられるかの提案を試みています。

第一章はコウハウジングがなぜ求められるのかその背景を考察し、キャサリンとチャールズのデンマークでの体験記を交えたコウハウジングのガイダンスです。第二章ではアメリカのさまざまなタイプのコウハウジング事例を紹介。第三章はコウハウジングをつくるプロセスについて、主に「コウハウジング」から翻訳し紹介していますが、日本とは異なる部分もあるため、一部日本に合わせて書き加えています。第四章も「コウハウジング」から設計する際の基本的な考え方をまとめた部分を訳出しています。第五章は日本でのコウハウジングの可能性について、コウハウジング研究会のメンバーがそれぞれ提案を試みており、第六章でこの本の出版の経緯やメンバーそれぞれのコウハウジングに対する考え方について話し合った結果をまとめています。このような構成のため、本書はキャサリンとチャールズそして私達コウハウジング研究会の共著として出版することとなりました。

今回はいくつかのアメリカのコウハウジングコミュニティの紹介が中心です。この考え方を取り入れた住まいを、私たちの暮らしに合った方法で取り入れ、日本にも広めたいと思っています。これがこの本の出版の大きな目的です。

いつか日本版コウハウジングの事例を載せた本を出版したいと思っています。この本を読んで日本でつくってみたいという方、声をかけて下さい。

「コウハウジング」表紙

キャサリンとチャールズから始まったコウハウジング

キャサリン・マッカマンはカリフォルニア州立カリフォルニア大学を卒業後、コーディネーターとして主に住人が参加してデザインする建築を多く手掛けてきています。

一方、チャールズ・デュレはカリフォルニア科学技術大学を出て、サンフランシスコのマイヤー建築事務所で設計の経験を積みました。

二人は一九八四年から八五年にかけてデンマーク、オランダ、スウェーデンの四六カ所のコウハウジングコミュニティに、それぞれ数日間から六カ月間程度滞在しながら、住人をはじめ各国の建築家、施工者、法律家などに取材し、デンマークのビルディングリサーチ協会やコペンハーゲンのロイヤルアカデミー（建築と芸術の大学）においてコウハウジングを中心とした住まい方について研究しました。

彼らの研究は「最も大切なことはコウハウジングに住んでみること、四季を通して毎日毎日の生活を体験してみることです。」という言葉通り、夕食のほとんどをコモンハウスでとり、そこの住人と同じように食事当番をこなすなどの実体験が基礎になっています。

日本ではスウェーデンのコレクティブハウジングが先に紹介され、知られていますが、彼らがデンマークのスタイルを選択したのは、社会政策的な意味づけが強いスウェーデンのコミュニティよりも、民間を中心に草の根的に広がっていったデンマークの方式がアメリカに合うと考えたからです。

デンマークでは、一九七二年コペンハーゲンに初めてのボーフェレスケーブ（直訳すれば生活共同体）と呼ばれているコミュニティがつくられました。以来、九三年までに一四〇以上のコミュニティが建設されています。この住まいは、ひとことで言えば個人の住まいの独立性とコミュニティの良さを合わせ持つ住宅。すなわち各世帯は独立した十分な住まいを持ちながら、さらにより大きなグループで台所や食堂、ゲストルーム、子どものプレイルーム、作業場や洗濯室といった施設を共有し、さらに食事やその他の家事など、互いに協力しながら暮らしてゆこうというものです。

詳しくは以降の各章をお読み頂ければと思いますが、彼等は滞在したコミュニティの中でデンマークのトルドスルンドを特に評価しており、六ヶ月間という長期間滞在し、そこでの生活を詳細にレポートしています（このレポートは本書の第一章の「トルドスルンドの暮らし」に収録しています）。

その後二人はアメリカに戻り、一九八七年にはコウハウジング社を設立、コウハウジングを広めるべくスライドショー等を精力的に行い、一九八八年に先述の「コウハウジング」を出版しました。これは主にデンマークの事例を中心に紹介しながら、コウハウジングに住もうと呼びかけるものでした。

コウハウジング社はコウハウジングのワークショップ、敷地探しから、敷地の購入、資金運営、コウハウジングの設計はもちろん、住みたい人達のグループ形成から管理運営のコンサルティングまで幅広く手がけ、本拠地であるカリフォルニア州を中心に、全米で活躍しています。

彼らの呼びかけに呼応し、一九九一年にコウハウジング社も関わってアメリカ初のコウハウジング、ミュアコモンズが誕生、その後次々にコミュニティが誕生、一九九四年にはアメリカのコウハウジングの事例を書き加えた「コウハウジング」の第二版が出版されました。先述した通り、これが本書の土台となっています。

アメリカでは、レーガン大統領の時代に金持ち優遇策が取られる一方で、企業のリストラによる大量解雇など不況からの脱出策により中産階級が没落しはじめたと言われますが、長期好況にわく九〇年代の十年間で、ますます富裕層と貧困層の二極分化が激しくなっているようです。特に住宅政策は持てるものへの援助は手厚く、逆に社会政策的な公共住宅の予算は削られるばかり、といったものだったようです。

そのような社会の中で、なんとか快適で住み心地の良い住宅を持とうとした人たちが草の根的に広げていったのがこのコウハウジングの住宅運動です。

初期の段階のコウハウジングコミュニティは、家事や育児の助け合いや自分たちで住まいをつくっていくおもしろさに人々がひかれ、コミュニティをつくっていたようですが、現在はさらにオーガニックガーデン、省エネルギーや廃材の利用、森を残そうといった環境への配慮を取り入れたコミュニティが多くなっており、集まって暮らすことのメリットをさらに充実させようとしています、

日本をはるかに上回る大量消費社会というイメージが根強いアメリカで、このような「共生」の住まい方が広まりつつあることに、私たちは新鮮な驚きとある種の感動を覚えています。生活レベルでの循環型社会への取り組みや創意工夫に富んだ暮らしの知恵、そして住まいづくりにおけるコミュニティ重視のアイデアは知的でヒューマニティあふれるものであり、いろいろなヒントが詰まっていると言えるでしょう。

このような新しい住まい方の潮流を日本に紹介するに当たり、私達はまず、キャサリン、チャールズの書いたコウハウジングのバイブルともいえる「コウハウジング」を手始めにしたいと思います。

自分たちの暮らしを見直し、自立と共生の暮らしへと誇りをもって転換してゆく、このような暮らしがどのようなものなのか、どのような過程をへて形作られてきたのか、そして私たちが取り入れるとすれば、どのようなことが可能なのか、ということについてこの本を通して考えてみることにしましょう。

第一章　コウハウジングへようこそ

1 変わる暮らしと住まい

神話の崩壊、価値観の転換

私たちは今、世紀の変わり目にいます。単に二十世紀が二一世紀になるというだけでなく、とてつもないスピードと規模で社会が変化しつつあると感じずにはいられません。この十年ほどの動きだけを見ても、そのめまぐるしさ、加速度がついた変化の激しさに、私たちは起きていることについてゆくのがやっと、というような状況ではないでしょうか。

この半世紀近く、経済の優等生といわれそのパフォーマンスを誇っていた日本も、昭和が平成に変わり、途端に狂乱のバブルがはじけ、地価神話が崩壊、経済面でパンチをあびたところへ、今度は阪神大震災や地下鉄サリン事件により安全神話はくずれてきました。何か変だぞ、といやでも多くの人が感じたことでしょう。そしてさらに長引く不況と硬直化したシステムのため対策が後手にまわり、とうとう絶対つぶれない、と信じられてきた大手銀行や証券会社がつぶれ、不倒神話もあっけなく消え去ってしまいました。常識だと思っていたことが目の前でどんどん変わっていってしまう……。

世界に目を向けても、従来の経済や社会の枠組みを問い直さざるを得ないような、地球レベルの環境破壊、異常気象、人口爆発などの問題も大きくクローズアップされています。

今までのやり方が通用しない時代に入っており、将来への漠然とした不安を抱えている人も多いのではないでしょうか。そして、わたしたちの価値観やライフスタイルも、好むと好まざるとに関わらず変革を迫られているといえるでしょう。

変わる家族

このような激しい社会の動きと並行して家族も大きく変わりつつあります。よく指摘されることですが、家族に変化をもたらした要因として大きく三つの事柄があげられます。まず一つは戦後の「民主主義信仰」により家族関係が変化し、親は敬う存在から友達のような存在になり、特に父親の威厳は失われてしまいました。

次に都市化の進展で家族が地域と切り離された存在になったことも見逃せません。一族として複数の家族や親戚が近くに住み、また村中が顔見知り、といった地縁社会から脱し、工業社会の働き手として都市に流入した世代、その彼等が目指した理想の家族像は因習や旧弊にとらわれない新しい民主的な「核家族」でしたが、それは個人主義的な、ある面では孤立主義的な家族の姿でした。そして、都市ではそのような家族が当り前になりました。

三つ目の要因は、そのように家族が孤立しやすい状況の中、父親は仕事に追われ育児をすべて妻にまかせ子どもと向き合うことが少なくなり、その存在はさらに希薄化、いわゆる父親不在、母子密着で育つ子どもが増加したことです。その弊害はそれらの子どもたちにとどまらず、彼らが親となってさらにその下の世代に影響しはじめています。

不登校や引きこもり、拒食症、さらに家庭内暴力といった深刻な問題や、倫理観の欠如、利己主義などの様々な現象の背景にはこのような家族、そして社会の変化があると多くの専門家が指摘しています。

家族のゆきづまり—少子化スパイラル

家族のあり方が変わって起こってきたこと、それは現在の社会現象を説明するときにも、またこれからの社会を考えるときにも欠かせないキーワード、「少子化」です。

少子化は日本のみならず工業化・都市化が進んだ先進国では共通の現象です。ただし一概に困ったことではなく、人口の爆発的増加が地球環境に与えるインパクトを考えれば、全体としては問題というよりむしろ歓迎すべきことでしょう。

ただこれを一国の中でみると、多くの問題をはらみながら進行してゆくことがわかります。高年齢層が若年層を上回るという人口構造は、経済的に世代間の不均衡を拡大しつつあり、世代間の軋轢を高める可能性があります。

また子ども達の暮らしに目を向ければ、かつては沢山の兄弟やいとこ、近所の仲間といったタテ・ヨコ・ナナメの人間関係のある子ども社会をもっていました。それが今では兄弟は少なく、もちろん親戚の子どもも少ない。私たちの身近でも親が一人っ子同士でいとこがいない子どもを見つけることは難しくはありません。年令が異なる子どものつき合いは少なくなっています。遊びそのものも変化し仲間遊びから一人遊びへ、またお受験や習い事などといった子どもへの教育投資が加熱して、ますます子どもを取り巻く世界は表面的で狭く細切れの世界に変わってしまいました。

子どもの発達にとって大切な遊びが、都会では安全な場所がなかなか見当たらず、小学校から私立に通えば友達は別々の地域から通ってきているために近所に友達がいない状態になってしまいます。そうでなくても、みんながそれぞれ忙しく、電話で確認し合わなければ遊べない、といった状況の中で、テレビゲームなど、人と交流しなくても、また体を動かさなくても遊べるものが主流になってきているようです。友達同士で集まっても一人一人ばらばらに遊ぶ姿も珍しくなくなりました。

子ども同士のつき合いもその様な状態ですから、まわりの大人達など異世代の人々とは、もっと限られたつき合いになってしまっています。そのため子ども時代に学ぶべき対人能力を養えず、人との交流がうまくできない若者が増加しています。

兄弟や親戚の赤ん坊を抱いたことがなく、うまく我が子をあやせない、また赤ん坊からのメッセージをとらえることができない若い母親たちの姿がよくテレビで取り上げられますが、これも対人能力の欠如の一例ではないでしょうか。そういった若い母親たちのまわりに経験を積んだ母親、叔母、姉などがいれば、なんとか修正されてゆくでしょうが、周囲の救いの手がなければ彼女たちの子どもの情緒の発達に影響し、対人能力の欠けた子どもを再生産してゆくことになるのではないかと心配です。

またよく問題として取り上げられることに「孤食」があります。毎日のように三世代が一家だんらんで囲む楽しい夕げ、といった食事シーンは「サザエさん」の中でしか見ることはできません。ある調査(1)では家族揃っての夕食は平均週に三・四回でしたが、二〜三年前と比べて増えたとする世帯よりも減ったと答える世帯の方が多く、未就学の子どもがいる場合と五〇代以上の世帯では家族揃っての夕食の機会は多いものの、子どもが小学校から大学生の場合は、その機会はかなり少なくなっているようです。塾通い、クラブ活動などで夕食時間がずれる子どもたちは多く、特に夜の十時頃に食事をし、朝は起きられず遅くなって食事もしないまま学校へ行くという、まるで忙しいサラリーマンのような生活で体に変調をきたした子どももいるくらいです。

こういった生活習慣の中では一緒に食事をきちんと摂ることで得られる満足感、食事を通した躾、そして、他者との自然な感情の交流や共感する心を育むことは難しいのではないでしょうか。

また親が手をかけ、日常の世話をしすぎたために家事能力が欠如したまま成人するケースも多くなりました。マスコミで取り上げられるとんちんかんな話も決して珍しいものではありません。その結果初めてのひとり暮らしでごみの山の中に暮らす状態になる女の子もいれば、そこまでひどくなくても、ご飯も炊けない、洗濯機も使ったことがないという話も良く耳にします。

もちろん食事に関しては昔とは比較にならないほど店が増え、一歩外に出ればご飯も、お総菜もあり、二十四時間対応してくれるコンビニ、ファーストフード、ファミリーレストランなど、いつでもどこでもお金さえ持っていれば食べることができることは確かです。

ある人がぽつりと「私たちが高齢になって老人ホームでお世話して貰うようになったとき、料理をしてくれる世代はハンバーガー育ちなんだと思うとちゃんとしたものが食べられないんじゃないかって心配」とつぶやいていたことがありましたが、食べ物の行き違いにとどまらず、もっと大事なコミュニケーションがうまくとれないのではないか…。これは心配のしすぎでしょうか？

こういった問題の芽は二十年以上前から子どもの問題として現れてきていましたが、いまや彼らは、経済的にも物理的にも親に守られて自立できないままに成人した世代となっています。そして、あえて面倒な家事や自分の思い通りにはならない子どもを持つよりも、自分のやりたいこと、自己実現に気持ちが向かい、束縛されることが目に見えている結婚を選択しない、そんな風潮が広がっています。「結婚」はもはや幸せをつかむための条件ではなくなってしまいました。特に女性たちは結婚に夢を抱かなくなっています。その結果ますます少子化が進み、そしてさらに子どもを育てにくい社会になって、と果てしなく続く少子化のスパイラルに入ってしまったかのようです。

きちんと子育てのできる住まいとは

このままでいいのでしょうか。なにかゆき詰まってしまっていると思いませんか。

少子化そのもの、少なく産んで大事に育てることに根本的な問題はないのだと思います。それよりも、もっと子どもを育てやすい環境を用意することが重要なのです。仕事を持ちながら家事育児をこなすというのは並大抵のことではありません。最近の男性は家事を手伝うことに抵抗がなくなったといわれますが、実際に生活時間でみると、まだまだ女性の負担は大きいままです。この家事や育児の負担は祖父母が引き受けることが多いようですが、身のまわりに頼れる人がいない場合、高い出費を覚悟して家政婦さんを雇っている人までいます。でもそんなことが可能なのは本当に一握りの人だけです。多くのコストをかけずに、なんとか家事や育児の負担を軽くする方法はないものなのでしょうか。そして子ども達が伸び伸び多くの仲間と遊び、いろいろな大人たちに囲まれて生活を送るすべはないものでしょうか。

こういった問題意識を持って多くの人々と交流してくる中で、「子どもにも勉強以外の役割があり、喧嘩や様々なトラブルを乗り越えて他者と共感しあえる環境を持つ」、そんな暮らしが実現できる住まいに私たちはアメリカで出会いました。それが本書でご紹介するコウハウジングです。

2 コウハウジングってなあに？

これは新しい住まい方の提案です。孤立した住まいから共生できる住まいへ、家族のようにつき合い、子どもをみんなで見守ることのできる住まいであり、若い層から高齢者までいろいろな人たちが集まって共に暮らすことができる住まい方です。

かたちは集合住宅から長屋建て、一戸建てとさまざまですが、共通しているのはみんなで集まれる共有のコモンハウスなどの施設を持つこと。コモンハウスには台所、ダイニング、リビング、その他住む人のニーズに合わせ、育児室やティーンズルーム、図書室、洗濯室、ゲストルームなどが設けられています。そして家事やコミュニティの仕事を共同分担し、運営してゆく暮らしです。

具体的には次章でさまざまなタイプの事例を紹介

コウハウジングが求められる背景

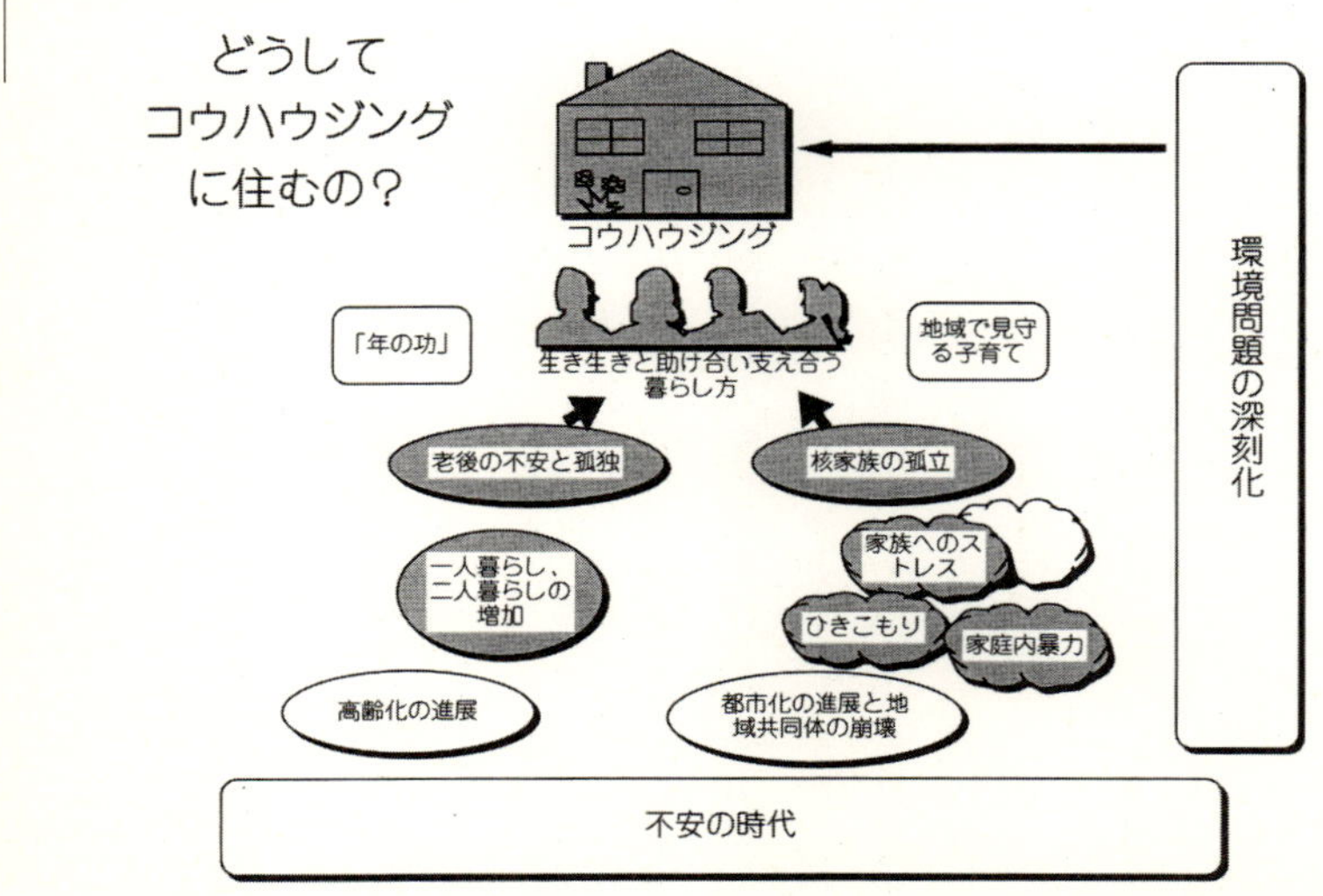

コウハウジング研究会

しますが、いわゆる「一つ屋根の下」ではなく、住人それぞれが独立した住宅をもっているため、プライベートな生活を確保しながらコミュニティの良さも味わえる、そんな住まいがコウハウジングなのです。

アメリカでこのコウハウジングができたきっかけは、キャサリンとチャールズの二人の建築家夫妻が自分たちの暮らしを通して住まいをもう一度考え直したいと思ったことからはじまります。

彼らの強い動機となったのは仕事を続けてゆくことと子育てとをうまく両立させるための住まい方を求めて、暮らしを見直したいということでした。本来一番必要な子どもと過ごす時間が仕事と家事に追われて十分に取れず、また友人や知人とのつきあいも場所が離れていればままなりません。「私たちの多くが一番基本的な欲求に合うところに住んでいないのではないかと感じてました。なにかおつき合いをしようと思うと必ず車で出かけなければならない生活。住めるような家があっても本当に住みたいとは思いませんでした。私たちはもっと良い解決法を夢見ていたのです。子どもを遊ばせてくれるような隣近所があり、私たちの友人もいる、そして老いも若きもいろいろな世代がみんな知り合いでお互いに助け合って暮らしているようなところを…」という気持ちに突き動かされてのことです。

アメリカでも住まいの主流である郊外の一戸建ては共働き夫婦には不向きな家でしかありません。そのため彼らは共生する住まい方がすでに始まっていた北欧、特にデンマークのコウハウジングを中心に、一九八四〜八五年にかけて一三カ月間にわたって調査をし、実際にそこで過ごした体験をもとに、アメリカで展開するためのアイデアを練ったのです。帰国後、一九八八年に『コウハウジング』を出版しました。同時に拠点であるバークレーを足がかりに各地でコウハウジングを紹介するセミナーを開きましたが、それをきっかけにあちらこちらで共感した人たちのグループができ、実際のコウハウジングコミュニティの建設に進んで行きました。

このコウハウジングプロジェクトは年を追うごとに増加し、二〇〇〇年四月現在で三七件のコミュニティがあり、建設中や計画中のものが九九件となっています。[2] インターネットをみてもアメリカだけでなくカナダ、オーストラリア、などなど国を超えて広がり始めていることがわかります。

では実際に、彼らがデンマークで体験したコウハウジングとはどのような暮らしだったのでしょうか。ここでは彼らの目を通したトルドスルンドでの暮らしを覗いてみましょう。

トルドスルンドTrudeslund Communityの暮らし[3]

私がここに住んでいるのは、金曜日の夜は駐車場から自分の家の玄関までたどり着くのにビール二本と四五分かかるからなんですよ。—ある住人

トルドスルンドに住む人々は伸びやかなコミュニティを築き上げています。人々はコモンハウスの中でのんびり過ごします。夕食前の時間は短いながらもくつろいで、互いの近況を語り合う時間なのです。あるテーブルでは幼い女の子が両親にその日保育園であったことをおしゃべりしています。ホールの下のプレイルームでは笑い声がはじけ、その日の料理人達はサラダに最後の仕上げをすませました。6時頃にはダイニングは席につこうとやってきた人で大騒ぎです。トルドスルンドの夕食時間です。これがトルドスルンドに住む三三世帯のごく普通の夜の光

北米のコウハウジングコミュニティの広がり

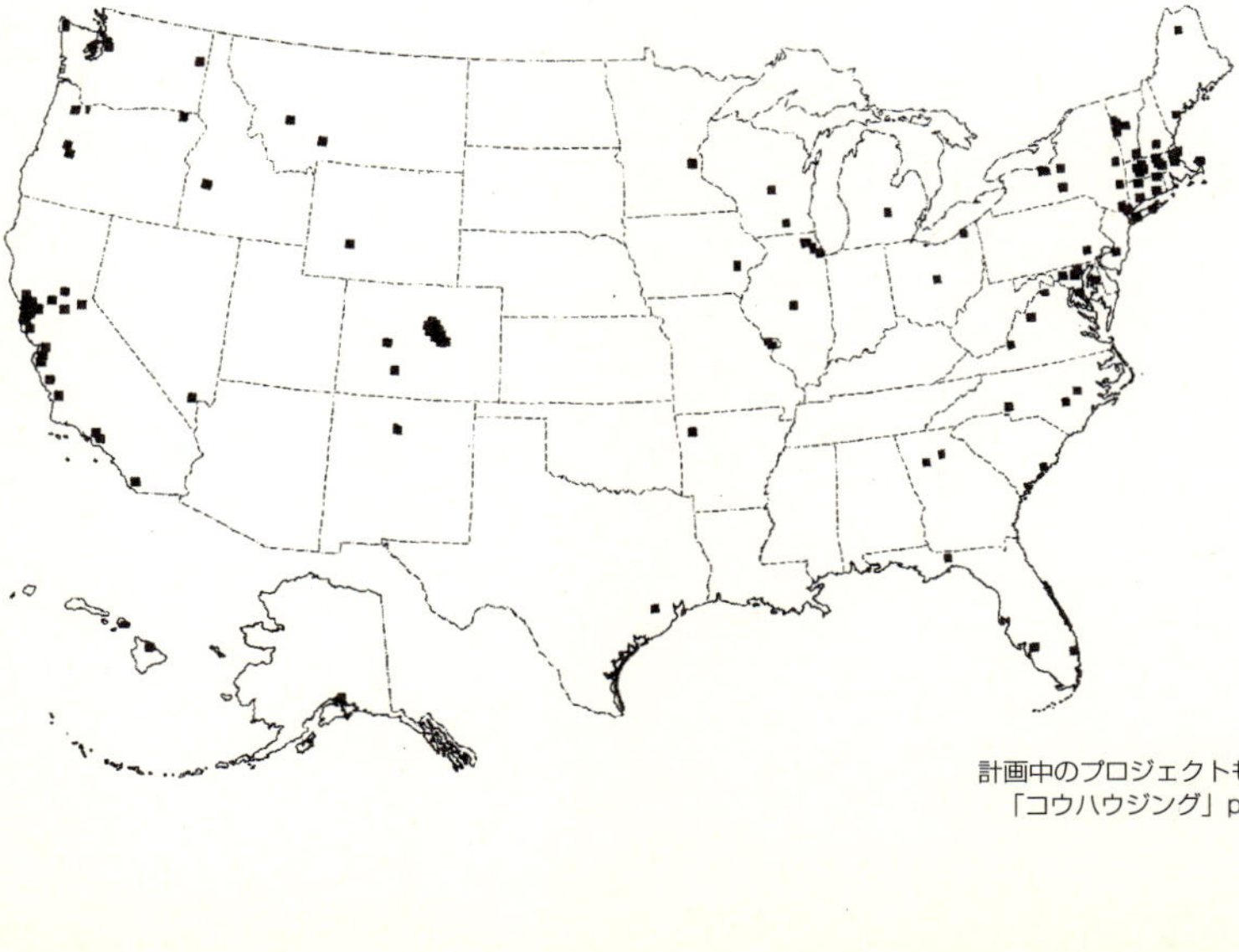

計画中のプロジェクトも含む
「コウハウジング」p.204

景です。そしてキャサリンとチャールズにとってはこれがこのコミュニティでの最初の夕べでした。初めての夜、彼等は緊張しており、どうやって五〇人以上の人たちと一緒にきちんと食事をしたのか覚えていませんでした。しかし彼等の心配はすぐに消えてしまいました。手軽で快適なコモンディナー(4)やいろいろな生活の体験を通して、これ以外の住まい方は考えられないと思うようになっていきました。

トルドスルンドでの夕食は、月二回、土曜日に個人的なパーティーで食堂が使われる日以外は、毎日用意されます。ただ、それぞれの住宅にもちゃんとしたキッチンがあるので、住人はそれぞれ好きなときにコモンディナーに参加しています。大体、週三～四日コモンディナーに参加し、残りの日は家で食事をしている家族がほとんどです。中には毎日コモンディナーを利用し、買い物や料理や後片付けにかかる時間を子どもと過ごすことにしている人もいます。チャールズもキャサリンもすぐにそういった特別な時間を過ごすことを評価するようになりました。コモンディナーは便利なだけでなく興味深い会話に満ちた心地よいつき合いのできる集まりです。どの日も大体半分かそれ以上の住人が参加しています。

ここの住人全員に対して責任として求められるのは料理をすることです。大人二人に子ども一人がお手伝いで入り、献立、買い物、料理、後かたづけのすべてをこなします。二人で六〇名分の料理をするのは大変なことだと思うでしょうが、設備の整った台所での料理は、普通の台所で六人分をつくるのとさして変わりはありません。材料が一〇倍になるだけです。住人は二日前にディナーの申し込みをし、食事がすんでから、かかった費用を食べた人数で割って精算する仕組みです。米ドル換算で通常一食あたり大人は一～一・五ドル、一三歳以下の子どもはその半額、三才までの幼児は無料です。

キャサリンとチャールズの二人が最初にコモンディナーの支度をしたとき、それはどきどきするような経験でした。そしてその夜が終わった時に感じた満足感は、そのような心配を補って余りあるものとなりました。大勢の食事を用意するコツを会得したので、次からはもっと簡単にできるようになりました。ある住人（彼は医者ですが）がいうには、彼は自分のための料理も、ましてや五〇人分の料理など

トルドスルンド全体計画図

1. 駐車場
2. コモンハウス
3. コミュニティ広場
4. 砂場

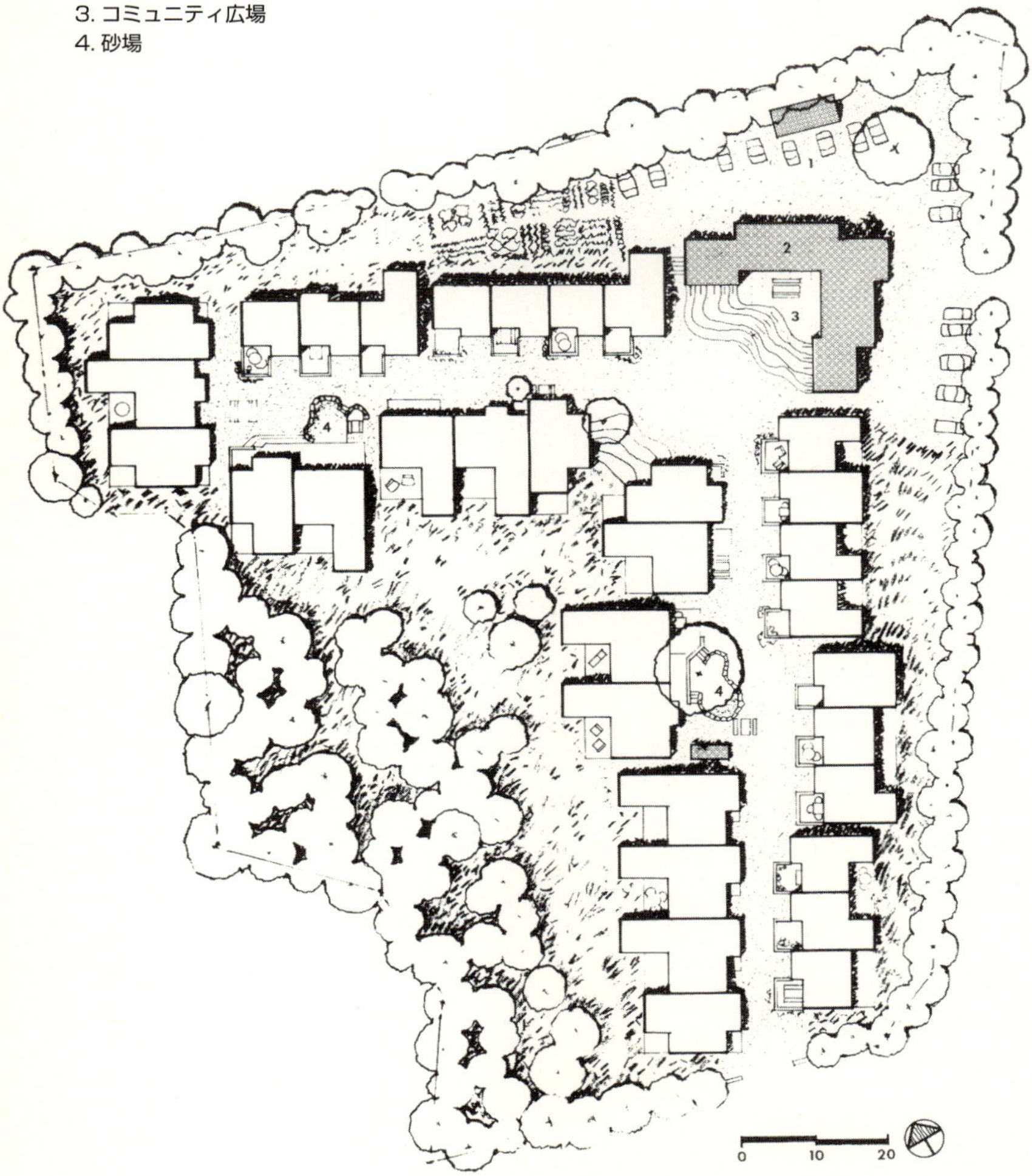

「コウハウジング」p.24

月一回のコミュニティストア担当のミーティング風景

「コウハウジング」p.31

したことがなかったので、非常に心配していたそうです。しかしやってみると驚いたことにとても料理が好きなことに気がつき、家でも料理をするようになったとのこと。トルドスルンドに住む六〇人を越える大人達は月に一度料理をしますが、その努力は価値のある時間であり、また他の二九日間はみんなで夕食を食べることができます。このコモンディナーのシステムは安心して食事ができるばかりか、それぞれの家庭のニーズに合わせて変えられるフレキシブルなものとしてベストのやり方だと住人達は自信を持っており、チャールズたちもまたそれを認めざるを得ませんでした。

トルドスルンドの立地

彼等のデンマークでの半年間の基地であり住まいとして、また彼等が調査し、滞在したコウハウジングの中でも、トルドスルンドはベストといえるところでした。コペンハーゲンの北、ビヤケローBirkerodの町にあり、一九八一年の春につくられたトルドスルンドは三三世帯が住み、大きなコモンハウスを持つコウハウジングです。自然の傾斜と樹林地を利用し、二本の歩行者専用の小径に沿って住宅があり、その小径が交わる一番小高い場所にコモンハウスがありました。駐車場は敷地の端にあり、住宅はクラスター状(ぶどうの房のような形)に配され、低くなっている所は樹木が残されて子ども達の格好の遊び場となっています。建築デザインとしても、人のつき合いにおいても、そして実際上もこのコミュニティは住み心地の良い環境をつくることに成功したといえるでしょう。

共有することの良さ

コモンディナーはトルドスルンドでの現実的なメリットの一つです。コモンハウスには共同のお店があり、歯磨きからコーンフレークまで日用品が置いてあります。住人たちはそれぞれ鍵を持っており、いつでも必要なときにそれらの品を取りに行けるようにしています。何を持っていったかをノートに付けるようになっており、月の終わりに勘定書を受け取るシステムです。はじめキャサリンとチャールズは、ノートに書かずに持っていく場合が多いのではないかと思いましたが、そうではありませんでした。実際には、盗むつもりでなくても書くのを忘れてしまうことはあって、ときどきノートと実際の日用品の数に食い違いが発生しているようですが、その場合は自治会の予算から充当されます。もし深刻な問題が起こったらこの店を閉めてしまうことになるのを、みんなわかっているのです。

この店は九つある『やってみようチーム』の一つが運営していますが、大人たちは全員こういったチームのどれかに入る義務があります。他の『やってみようチーム』には、屋外の担当、子ども会活動、洗濯室、月刊新聞の作成と会議の開催、暖房システム、コミュニティでの催し物、コミュニティ活動全般があり、それぞれに責任を負って活動しています。

子どもを含め百人以上の住人のために二台の洗濯機と乾燥機一台が用意されています。もし二台とも使われていると、洗濯物を入れたカゴを「洗濯物」の表示のところにおいておきます。自分の洗濯が終わった人は置いてある次の洗濯物を洗濯槽に入れることになっています。そのため誰も洗濯機が空くのを待っている必要はありません。洗剤は自治会の予算でまとめ買いをしてあります。その結果、各住戸でも洗濯機と乾燥機を利用できるよう設計されていますが、実際に使っているのは一家族だけでした。

コモンハウスの中には、工作室、暗室、テレビを見る部屋、店舗用の冷凍室、来客用の部屋、十代の子たちが音を気にせずドラムやエレキギターを楽しめる音楽室がありますが、さらに一番新しく加わったのがコンピュータです。政府が在宅勤務の可能性を調査研究するためにトルドスルンドのすべての世帯にコンピュータをいれ、コモンハウスに置いたコンピュータに接続し、外部の回線にもつなぎました。しかしここではコンピュータは隣近所のコミュニケーションに役立ちはしませんでした。それよりはコモンハウスにいって掲示板を見る方がずっと簡単で便利だからです。

こういったことはトルドスルンドで生活するメリットのごく一部にすぎません。ここではたまにしか使わない物を借りたり、みんなで共有することが簡単にできてしまいます。たとえば二世帯で車一台を所有したり、五世帯でヨットを持ったり、またここには芝刈り機は一台しかありません。そのように大工道具、タイプライター、キャンプ用品といったたまにしか使わない物は個人個人が持つのではなく、借りたり共有したりしています。コミュニティの中の二九家族でスウェーデンにある一七室も部屋のある別荘を買うために共同で貯金をしていました。このようにいろいろな物を共有することで、費用も安く、一世帯だけではできない、より便利で豊かな生活を楽しむことができるわけです。

子ども達へのメリット

トルドスルンドには五〇人近くの子ども達が住んでいますが、遊び相手に不自由することはありません。道も歩行者中心につくられているため、車の心配をせずに駆け回ることができるのです。コミュニティはいわば大きな家族のようであり、子ども達には両親以外にも面倒を見てくれたり、お手伝いをしたり話し相手になったりしてくれる多くの大人がいるのです。

年上の子ども達は小さい子どもの面倒を見ることを自然に行なっていますし、大人達は全部の子どもの名前を知っています。

しかし、やはり多くの親たちが働きに出ているの

トルドスルンドのコモンハウスでの夕食風景

「コウハウジング」p.20

で、昼間子ども達の面倒を見る必要がありました。いろいろな可能性を検討した結果、ここでは地域の公的な機能も利用し、独自の学童保育を始めるとともに、就学前の子どもは近所の保育所に行かせることにしました。はじめは学童保育は一二時から親が帰ってくる夕方まで五〜七人の大人が交代で一二〜一五人の子どもの面倒を見るというものでした。一方で大人達の中には一年に五日しか手伝えない人もおり、最初の二年間はどういう運営にするか何度も組み換えを行いましたが、次第に緩やかなシステムになってゆきました。それは子ども達が成長したこと、お互いに親しくなったことできっちりしたシステムが必要なくなってきたためです。また大人達は週四〇時間働いていては学童保育を運営する時間はとれないことがわかりました。

放課後、年長の子ども達はコモンハウスに立ち寄ったり、外で遊んだり、自宅に帰ったりと自由です。また子ども達が面倒を見て欲しいときには、たいていその日の食事当番が台所で働いているか、また誰かしら大人が周りにいます。放課後の日課となっている午後のお茶は毎日三時にコモンハウスで用意されています。子どもにとってはお決まりの催しですが、大人達もまたお茶を楽しみます。チャールズたちが自宅で働いていたとき、コーヒーブレイクを楽しみにしているのです。ここではお茶の時間を楽しみにしていたように、ここではお茶の時間を楽しみにしているのです。

またトルドスルンドではベビーシッターに不自由することはありません。ある夫婦が数日間二才と七才の子どもを置いて出かけなければならなくなった時でも、子ども達は近所ですっかりくつろいでおり、両親は心配する必要は全くありませんでした。

ディナーのあと子ども達が遊んでいるのを見ると、大人や子ども同士で影響し合ったり、また子ども達の自信のある様子や自分の考えをはっきり言えることなど、子ども達がそれぞれコミュニティから学んでいるようすがよくわかります。

つき合いの雰囲気

このような子どもの世話や、コモンディナー、いろいろな物を共有することなどの明確な生活上の利点だけがトルドスルンドに住む主な理由ではありません。住人のひとり、ヤン・ニールセンは次のように書いています。

「私たちがそもそもこのようなコミュニティに住みたいと思った動機は、大人にとっても子どもにとってもより豊かで人とつき合える良い雰囲気が欲しかったから…。たくさんの現実的なメリットは最初は考えてもみなかったことで、後になって気がついたんです。」

このコミュニティを企画したときの一つの目的は、核家族をサポートするネットワークをつくることだと言います。

「私たちはあくまでも家族をベースとしながら、コミュニティに向かって開かれた家族を望んでいます。個人の住まいの中に必要な日常の機能は持ちたいと思いますが、できる限りその他の機能を共有の施設に置き換えて、つき合いが深まるようにしたいのです。」

トルドスルンドでの住人同士のつき合いの豊かさは、暖かい日に家々の間を歩くとはっきりと感じられます。遊んでいる子ども達がいれば、一仕事終えてくつろいでビールを飲んでいる人もいます。また、土曜日の朝食を楽しんでいる家族もいます。どの住宅も裏側に専用のパティオがあるのですが、みんな中央の小径に面した側に座って人に声をかけたり、人々が動いているのを眺めたりすることを好んでいるようです。

コミュニティのデザインも人々が交流しやすいように考えられています。通路に沿って小さな庭がありますが、そこには砂場があったりピクニックテーブルがおいてあったり、家の中からも見通せる庭には直接各家から出られるようになっています。大人達は子ども達の遊んでいる姿を見ていられるように、砂場やピクニックテーブルの周りに集まってきます。みんなお天気が許す限りはいつでも玄関前の庭に腰をおろし、居心地の良さを楽しみます。

家の中でもとりわけ台所と食堂などが家族の一番の生活の場ですが、そこから通りを見ていて、子どもが外で遊んでいるのを見守ったり、道行く人に料理のつくり方を訪ねたりするのです。ヤン・ニールセンによれば、

「トルドスルンドでは私たちはカーテンを閉めたりしません。そうすれば外からも中が見えるし、よその家の生活をかいま見ることができるからです。逆に通りに面した部屋やダイニングキッチンからは通りで起きた出来事がわかる。それは詮索好きなんじゃないかと思う人がいるかもしれませんが、私は開放的で率直な生活だと思っています。」

また、各家は通りから離れ完全にプライバシーが確保された部屋も持っています。コミュニティエリアとプライベートな部分との微妙な関係はいろいろなつき合い方をつくりだしています。実際多くの外部の人たちの心配に対し、チャールズもキャサリンもプライバシーが守れないという不満を聞いたことはありません。親密なコミュニティの中では互いに構われたくない時があることを尊重し合っているというわけです。

夢をつくる

現在のトルドスルンドからは、最初の考えを実現してゆくのにどれだけ苦労したかなど忘れてしまうのは簡単です。一九七八年の一二月に二〇家族が戸建て住宅用に区分けされ売りに出されていた土地にコウハウジングを建設するためのグループをつくりました。その時にはデンマークには八つのコウハウジング団地があるだけでその他の多くは計画中でした。土地を確保するために急いでプランを提出しなければならないというプレッシャーがかかり、グル

ープのメンバーたちは目標をはっきりさせる十分な時間がとれませんでした。元からのメンバーが半分ドロップアウトするという劇的な分裂の後に目標を慎重に再構築し、建設計画を形づくることができたのです。

目標とゴールについてみんなの同意が得られ、開発計画が形になったところでグループは最終的に四社に声をかけ設計提案を提出してもらい建築コンペを実施しました。討論を重ねた上でヴァンクンステン設計事務所が最終的に選ばれ、設計と工事監理を担当することとなりました。最初の建設のための打ち合わせからの二年半は、はらはらするような、そしてしばしば失敗の連続でもありました。グループのすべての決定を民主的に進めようという決めごとは、長時間にわたる打ち合わせを意味しました。後に二人の参加者が記しています。

「私たちはとてもたくさんのグループ作業をこなさなければなりませんでした。それは問題を討議するための小委員会での数多くの打ち合わせと決定機関である自治会での二フィートにも及ぶ長さの議題をこなすことでした。誰もが作業に巻き込まれました。一番活動が盛んだった頃は、少なくとも週一回から多い場合は三〜四回の打ち合わせに参加しつつ、次の打ち合わせのための準備をしなければならなかったくらいです。」

金利が上昇するなどの経済的な圧力がかかり、参加者たちもいろいろな欲求を我慢し、スケジュールをきちんと守らざるを得なくなりました。この時期、建築家によれば、トルドスルンドのグループとの打ち合わせはかなり殺気立つものだったとのことです。グループの一人、ミカエルステンヤンセンによると

「グループのメンバーは一人一人が教育水準や所得が高く、影響力もある人たちでしたが、コミュニティとして行動しなければならなかったので、プロジェクトの期間中そのジレンマを抱えていたようです。」

参加者の多くは専門的な高い教育を受けた人たちで、プロジェクトの企画や開発について確固とした意見を持っていましたが、グループで意志決定をしてゆくという経験はほとんどありませんでした。とはいえ参加者達はプロジェクトが成功するものと思いこんでおり、また広く公表されていたために、建築家たちの理想は設計段階での妥協によって崩れざ

るを得ませんでした。建築家たちは住人たちが考えているよりも進んだ共同の概念を導入しようと考えていました。そして、コストを下げるのと同時にコミュニティ部分の利用を促すために、各住戸を小さくしようとさえ主張したのです。しかし住人たちは殆どが家族の拡大期に入っており、またすでに経済的な負担を負っていたため、住まいを後で売却しづらくなるようなものにはしたくありませんでした。

建築家と顧客の間の葛藤はよくあることですが、直接全員が参加する形のこのプロジェクトでは、建築家も住まい手の側も同じように固い意志を持って対峙し、設計段階で激しいやりとりがありました。

とはいえ、設計の過程に加わっている多くの居住者たちは、自ら参加することがこのプロジェクトを活気づけ成功につなげられると思っていました。自分たちが加わったことでニーズや要求にあった設計ができたばかりでなく、グループの目標やコミュニティ意識を強化することとなりました。

「私たちはお互いの長所短所がわかったし、よりオープンな関係になった。」

振り返ってみれば、居住者たちはもっと違ったようにできたのではないかと思っています。多くの人がコモンエリア(5)より各住戸に力を入れすぎたのではないかと感じていました。ある人がこう説明しています。

「見たこともないコモンハウスに何が欲しいかなんて想像するのは難しいですよ。だけど自分のところの台所をどうしたいかというのは誰でもわかることですからね。」

結果的にグループは住戸プランを四つの基本タイプに制限しましたが、台所には個人の好みを反映させたので三三のタイプができあがりました。しかし今では多くの人がコモンハウスで食べる機会が多いために、標準化された台所の方が良かったと思っています。標準化は建設コストを引き下げる、という教訓は最近のプロジェクトに役立っています。

各住戸は豪華ではありませんが、快適で、広さは九〇～一四〇m²、アーチ型の天井と木の床の建物です。低地の方は平屋建ての住戸があり、歩行者用通路の南側は二階建ての住宅があり、北側での太陽と木々の景観を楽しめるようになっています。素敵なインテリアデザインの魅力も、残念ながら部屋の防音性能の悪さはカバーし切れず、どの部屋からでも家の中で何が起こっているかすぐに聞こえてしまうのが欠点です。

住宅の所有権の仕組みは、アメリカのコンドミニアムによく似ています。住人はそれぞれの住宅を所有し、共用部分は持ち分に応じて共有する形となっています。コウハウジングはたいていの場合一戸建てより経済的ですが、トルドスルンドは敷地の状況とその建設時期により、かえって高くついてしまいました。その理由は、立地条件がコペンハーゲンの中心部に直通で入れる電車の駅に近いこと、森林保養地や湖、ビヤケローという快適な町にも近いために資産価値が高かったことが一点。また一九八〇〜八一年にかけて二一%にまで達した高金利でコストが上昇しました。これらの要因により住宅価格は共用施設も含め七七万七千〜一〇〇万デンマーククローネ（およそ九万一四〇〇〜一一万七六〇〇ドル）となりました。この金額は周辺の共用施設のない普通の一戸建て住宅の価格と変わらないものでした。トルドスルンドの住宅は市場に出ればすぐに売れるし価格も確実に上昇しています。ディベロッパーはプロジェクトが成功したしるしと考えていますが、住人はコミュニティが他の人から経済的に支配され、手の届かないところへ行ってしまうことに不安を感じています。というのも各住戸は個別の所有であり、最初の契約書に利益についての制限は何もなく、グループが売却価格をコントロールする余地はほとんどないからです。

このような事情で、トルドスルンドは共働き世帯でもなければ新たに購入するのは難しくなっています。そのため稼ぎ手が一人の世帯では部屋を人に貸したりしてなんとか毎月の生活費を補っています。

そのように住居費は高くつくのですが、住人たちはそれ以外の生活費は一世帯で暮らすよりもトルドスルンドで暮らす方が安いと言っています。

「毎月の住居費は上昇していますが、全部の生活費を見るとコモン施設を利用したり共有しているので少なくて済みます。コモンディナーで食費を大いに節約できました。」

高額であるにもかかわらず住人には本当に様々な階層の人がいます。大人達は二八才から六七才まで。子どものいない世帯が四世帯、九世帯は片親世帯ですが、そのうちの七世帯は父子家庭、そして数世帯が単身者です。職業は技術者やコンピュータ・プログラマーが一三名、一一名が小学校や中学校の先生、四人が医師、三人がエコノミスト、二人が歯科医、看護婦二名、ジャーナリストそして無線装置のチェーン店の経営者。時の流れの中で、学校に戻ったり退職したり、また定年が間近だったりと共働きの夫婦は少なくなり、変化しています。

キャサリンとチャールズは初めのうち、このように楽しい近所づき合いがあり、沢山のコミュニティ内での活動があるとトルドスルンドの近所とのつき合いがなくなるのではないかと少し心配していたのですが、それは全く逆でした。トルドスルンドの住人達は地域での映画上映会や政治活動、学校そしてスポーツチームでも大いに活動していました。コモンハウスはしばしばそのようなミーティングに使われたり、地域のサンババンドの練習場として使われたりもしています。トルドスルンドのつき合いのネットワークを通して住人達はそれまで知ろうともしなかった地域活動を意識するようになったのです。

ここまで書くと、良いことづくめのようですが、住人たちはユートピアをつくったのではないことは良く承知しているし、そんなつもりも全くありません。古い問題は解決されないまま残っており、また新しい問題も起こっています。長い時間話し合っても、何をなすべきか、どのようにやるかといったことの結論が出ない問題もあります。住人の中にはコモンハウスが空いている時間が長いことを指摘してコミュニティへの参加が低いと失望している人もいます。とはいえトルドスルンドの住人は、毎晩子ども達がコモンハウスで遊ぶのを見守りながら大人達は食後のコーヒーを飲んで遅くまで語り合う、という他にはないような場所をつくり上げたのです。

＊　＊

このようなチャールズとキャサリンのトルドスルンドの暮らしのレポートを読んでどのように感じられましたか。

コウハウジングは特別な人たちの暮らしではないことがおわかりいただけたでしょうか。私たちはこの暮らし方の中に、現在ゆき詰まりをみせる家族と地域との問題を解くヒントが沢山あるように思うのです。そして、それだからこそ、建築家として、そして生活者として彼らがアメリカでコウハウジングの運動をはじめる大きな原動力になったのでしょう。

3 米国で進む家族の多様化と住まい方の変化⑹

アメリカでこういった住まい方が受け入れられたのはなぜなのでしょうか。日本に比べて、家族問題に人種問題もからみ、より深刻であり、かつ家族の多様化が進んでいる米国⑺では、コウハウジングも含め、今までの家族の枠組みを超えた住まい方、暮らし方が一つの潮流となり始めています。

政府機関である米国住宅都市開発省ＨＵＤ(The Department of Housing and Urban Development)が、今後二〇年の間に米国民の五〇％が何らかの形の「共有施設（shared facilities）」に住むようになると予測している程です。

また一九九〇年、ニューズウィークでは「二一世紀の家族」と題し、米国社会に訪れる大きな変化はベビーブーマーたちが高齢化に入ったころだと予測、そのころ起こると思われる多くの社会現象を分析しています。それを紹介すると、高齢になったときの住まいの形態として、従来の「一人で住む」「肉親と住む」「リタイアメントホーム（有料の老人ホーム）に入る」という常識的な住まい方以外に、血縁関係のない人と暮らすという住まい方が伸びるだろう。そしてすでにそうした住まい方は始まっているとしています。実際、人々がライフスタイルと住まいをシェアする「共生する住まい方」＝shared livingのバリエーションは現在すでに豊富にあります。それは、一軒の家に共同で住むシェアードハウジングから、一戸の家（戸建てに限らず集合住宅の一ユニットも）を持ちながら何世帯かで共用のリビングや台所、洗濯室といったコモンスペースを持つコウハウジングまで、「共生する住まい方」のハードとソフトは百種百様、百花繚乱といえます

このような現象について、ニューズウィークの同じ特集の中で「共生する住まい方」を支援する組織のShared Housing Resource Center(SHRC)では「こういう生活方法は大変なお金と資源の節約になるし、仲間ができ、殊に老人がおそれる孤独感を癒し

てくれる」とコメントしています。

日本でもここ数年、高齢者あるいは知的障害者を対象としたり、また阪神大震災後につくられたグループホームなど行政主導であちこちに共生型の住まいの建設が始まっています。民間でも特に女性を主体として、共に暮らす家づくりがテレビで何度も紹介されるなど、人々の共感を呼び始めています。これらは「一人暮らし」の不安や孤独を解消し生き生きとした老後を過ごすため、また家族に替わる人との絆を求めての動きといえます。冒頭に述べたような、大きな変革期に伴う経済的不安や社会的不安から守られるシェルターである家庭の機能が弱まりつつあることも、大きく影をおとしているのでしょう。

しかし、キャサリンとチャールズの二人の出発点が家事育児と仕事の両立と安心できる子育てにあったことを思えば、これは決して高齢者だけの住まい方で終わるはずがありません。

世代を越え、性を越え、人種を越えた「血縁関係のない二人以上の人々が、プライベートなスペースと時間を確保し、人的、経済的、身体的資産をプールし、居間、台所、食堂などスペースを共有しお互いに家族として自由に影響しながら暮らす」(8)これはshared livingの定義ですが、このような相互扶助の思想を持った居住形態がこれからの住まい方の一つとして、日本でも受け入れられ拡がってゆくものと私たちは確信しています。

この本ではそんな共生する住まい方としてのコウハウジングを紹介し、さらに日本で展開するためのアイデアを提案することにしましょう。

●一章注釈

(1)「農業白書」平成九年度を参照。

(2)巻末資料「コウハウジングネットワークTCN」のホームページより集計。

(3)23頁～35頁は「コウハウジング」第二章抄訳。

(4)コモンディナー。コウハウジングコミュニティのメンバーが参加する夕食。コモンミールともいわれる。自由参加がほとんど。当番がつくるのではなく持ち寄り（ポットラック）で食事をする場合もある。

(5)コモンエリアとは共用スペースのこと。コモンハウスや遊び場、庭以外にも小径や駐車場その他が含まれる。

(6)この項は「〃共生〃shared living研究」東急総合研究所平成7年度自主研究報告書（以下「共生研究報告書」）を参照。

(7)日本と米国それぞれ一九九〇年の国勢調査結果では片親世帯比率が日本は約八%、米国は二八%にも上る。

(8)一九九二年三月の第一回シェアード・ハウジング・ワークショップ全米大会における定義。

■コウハウジングFAQ　その1

コウハウジングについてたびたび受ける質問があります。その主なものを整理すると以下の通りです。

Q.どんな住まいなのですか？

A.共同住宅もあればタウンハウスや一戸建もあり、形はさまざま。共通しているのは共有のキッチン、食堂、リビングルームなどを持っていることです。

Q.コウハウジングのサイズは？

A.数世帯から50世帯位までさまざまですが、大体20～25世帯が程よいサイズです。

Q.どんな人が住んでいるのでしょうか？

A.一人暮らしの人、夫婦、子育て中の家族など若い世代から高齢者まで多世代が住んでいます。

Q.どんな暮らし？

A.自分たちでルールを決め、料理や子ども達の世話、庭の手入れ、大工仕事やその他をこなしますが、あとは普通の暮らしです。

Q.食事のルールや日常生活の中でのきまりはあるのでしょうか？

A.あくまでも居住者自身が話し合ってルールをつくります。毎日一緒に食事をしなければならない、といったことはありません。

Q.どうやってつくるの？

A.関心を持った人達が集まり、専門家を雇いつくってゆきます。コーポラティブ方式とよく似ています。

Q.グループの中に嫌いな人がいたらどうするのですか？

A.全員と仲良くしなければならないということはありません。さまざまな考えの人がいるから暮らしがおもしろくなるのではないでしょうか。

Q.コミューンなんかとどう違うのでしょうか？

A.コミューンは思想的な背景をもち経済的にも共同しますが、コウハウジングは政治的にも宗教的にも全く染まらないものです。そこが大きく異なります。

第二章　北米で広がる新しい暮らし

1 アメリカ初のコウハウジング ミュア・コモンズ（1）

カリフォルニア州デービス市にあるミュア・コモンズは一九九一年八月にアメリカで初めてできたコウハウジング・コミュニティです。私たちがここを訪れたのは、一九九五年十一月、バークレー在住でNPOのシェアード・ハウジング・リソース・センター代表の建築家、ケン・ノーウッドが主催した見学会でのことでした。

因みにこのデービス市は早くから環境共生に取り組んだ町として有名で、気候が穏やかなところからもリタイア後に住みたい土地として全米のベストテンに入るような町です。このミュア・コモンズもそんな環境共生の思想が根付いたデービス市にふさわしい、草花の咲き乱れる郊外型のコウハウジングです。

ミュア・コモンズ敷地配置図

1.コモンハウス
2.テラス
3.遊び場
4.庭園
5.集まれる場所
6.作業所
7.果樹園

「コウハウジング」p.211

当日の見学会の案内役はキャシー。車椅子に乗った少年の母親です。彼女ともう一人の男性がそれぞれ先頭に立ち、見学者は二手にわかれて敷地をぐるっと見て回ることとなりました。

全部で二・九エーカー、約一・二ヘクタールの広い敷地に建てられた二六戸のタウンハウスは明るく軽快なデザインです。

敷地は広いのですが、住宅自体はそんなに大きくも豪華でもなく、その建物をつなぐ小径には草花や樹木が育ち、大きな庭の中に家が立ち並んでいる感じです。

キャシーによると、最初の段階では家と家の間に二メートル以上の壁をつくろうという話が出ていたらしいのですが、結局一戸建てに執着している人は少なかったのでこのようなタウンハウス形式となったそうです。ただ、音の問題などがあるので隣合う側にはバスルームや納戸がくるように間取りを工夫して設計しています。時々ステレオなどの音の問題が起きることもありますが、お互いに良く知っているので、話し合いで解決しているとのことです。

またキャシーの息子は車椅子が必要なのですが、歩道などは段差がないようにつくり、自由に動き回れるようになっています。

敷地内にはみんなが集まる中心となっている百坪ほどのコモンハウスの他に、入居してからお金を出し合ってつくった大工仕事等を行うための作業場や、八カ月かけて作業し完成した駐車場があり、広い庭の部分には果樹園や菜園をつくっています。特に正面入り口の脇にある菜園は、見学時の少し前につくり始めたものとのことでしたが、生ごみを利用して堆肥をつくりなるべく農薬を使わない、オーガニックな野菜の栽培に取り組んでいます。

開発の経緯

ではどのようにしてこのミュア・コモンズはできあがったのでしょうか。

そもそもこのプロジェクトがスタートしたきっかけは、他のコウハウジング同様、一九八八年後半にコウハウジング社がデンマークでの体験等を元に作成した「コウハウジング」についてのスライドショー（説明会）を、デービス市で行ったことでした。この時には、将来住宅を持とうと考えている人を中

ある夏の夕方。コモンハウス前の芝生で食事

「コウハウジング」p.208

各戸の前庭。手入れをしながら子どもの様子も見え隣りとおしゃべりもできる

「コウハウジング」p.209

心に、町の企画委員やディベロッパーなど新しい試みに関心をもつ様々な人たちが集まりました。

この時参加したディベロッパーは町のはずれに四四・五ヘクタールの土地をもっていたのですが、開発に当たって市から二五％の割合で「アフォーダブル住宅」（一定の要件を満たし、中以下の所得層が購入可能な住宅）を提供するよう求められており、その解決策を探していたところでした。

何度かの集まりがもたれた後、この土地にコウハウジングを建設することが決まってから、このディベロッパーが主体となってプロジェクトに参加したいという人たちのミーティングを数カ月間続け、メンバーを確定し、また価格も周辺より割安な九万六〇〇〇ドルから一五万五〇〇〇ドルとなりました。

このように当初からディベロッパーが関わったケースはコウハウジングのプロセスでは珍しい例です。普通はまず用地を探し、開発に関する法的手続きや建築の専門家を探すといったプロセスが欠かせないのです。このケースでは参加者たちのその部分の手間は省けましたが、計画を決めてゆく段階である程度の制限ができたということと、また最初から設計事務所が決まっていたのですが、その事務所が住人参加型の住宅を設計するのは初めての経験であったため、参加者たちの間でしだいに不満がつのり、結局コウハウジング社が全体のプログラミングと基本設計を担当することになりました。

みんなで考える

コウハウジングコミュニティが成功するかどうかの鍵は、基本設計にどれだけ多くの入居予定者が参加できたか、そしてどれだけみんなで納得がいくまで考えたか、にかかっています。

そこでまずコウハウジング社の指導により、参加者たち、二六家族が集まって入念なミーティングが何度ももたれました。この時点では、敷地をどのように使うのか、どこにどのような施設を設け、コモンハウスをどのようにつくり、また各住戸のデザインをどのようにしたいかを明確にさせ、詳細な基準を作成してゆきました。

大事なのは、この基準は参加者皆が同意したものだということ。そしてこれは敷地計画を具体化するためにも重要なことなのです。参加者たちにとってこのようなことは初めての経験であり、またほとんどの人が住宅については素人です。そのため建物と敷地の大きさの感覚をつかむためにいろいろな住宅地をみてまわったり、一人の参加者の家の裏庭に、予定している建物の大きさにひもを張り、家具を置き設計を考えたりといろいろ研究をしました（120頁写真参照）。

この頃を振り返って住人の一人、ジェーンは、

「私たちが最初取り上げたのはコモンハウスの場所をどうするかという問題でした。ほとんどの人は自宅に帰る途中でコモンハウスに立ち寄れる方がよいという意見だったのですが、私は仕事帰りにはくたびれてぐちを言ってしまうかもしれないし、まず先に家に帰れるほうがよいと考えたのです。でも実際にできて見れば、コモンハウスに寄りたくない時は果樹園を通って裏口からまっすぐ家に帰ればいいし、おしゃべりしたいときはコモンハウスに帰ってくる。するとそこにはいつも友人たちの笑顔や子どもたちのおしゃべりが待っているんです。」

と語っています。

このような話し合いを経て、最終的に各住戸は二ベッドルームと三ベッドルーム、広さは七四㎡から一三〇㎡となりました。居住者は、それぞれ各家の前後の庭を所有し、それ以外の敷地は共有しています。

コウハウザー＝入居者達

ミュア・コモンズに住む二六世帯の半分はシングルか子どものいないカップルで、残りは片親か両親のいるファミリーという構成です。全部で二〇人程の子どもがいましたが、打ち合わせが始まってから実際に入居するまでの二年半の間に子ども達はすっかり仲良しになっていたので、入居してからはテレビも見ずに朝から子ども同士で遊ぶようになりました。

そのあたりについて、ある母親はテレビのインタビュー(2)に答えて「ここでは子どもを見ていなくても安心して遊ばせることができるんです」と満足気でした。また実際に庭で遊んでいた女の子は「前に住んでたところは知っている人がいなかったけれど、ここではみんな仲良し。大きな家族みたいでとても気に入ってるの」とのこと。また子どものいる人ばかりではなく、シングル女性は「一人暮しで週

末などさみしいなと思うこともあったんですが、ここはプライバシーとコミュニティの両方のバランスの取れた暮らし方ができます」などと非常に満足し評価をしている様子が窺えます。

ルールの基本は「話し合い」

その一方で、このように大家族のように住むということで、プライバシーとコモンハウスなど共有場所でのエチケットをどうするかが新たな問題としてもち上がりました。それは日常の挨拶の仕方から人の招待の仕方、コモンハウスの使い方、子どもにどうマナーを教えるかなど様々です。いろいろ話し合いがもたれた結果、住人たちは互いに相手を尊重しあうことが一番の行動の基準になるという結論に達したとのことです。

コモンハウス

ミュア・コモンズの日々の暮らしが窺えるのは、コモン・ハウスの伝言板です。その伝言板には食事のメニュー表、食事希望のチェック表、各種委員会の議題やインフォメーション、コミュニティ活動、

コモンハウス全景

(株)東急総合研究所提供

「コウハウジング」p.206

などのお知らせが掲示されています。

各種委員会は、自分たちでコミュニティを運営するためにつくっているものです。それは例えば庭の手入れや維持のための委員会、コミュニケーション委員会はコミュニティ内のスムーズで正確なコミュニケーションを図る工夫ばかりでなく、メディアやPRを含めた業務担当、例えば見学会への対応もその一つです。あるいは子どもについての委員会とか景観についての委員会など、そのテーマはみんなが心地よく住むために多岐に亘っています。

食事はコモン・ハウスで申し出た人がつくり、月に一八、九回用意されることになっていますが、好きな時に料理できるようにしてあるので、時には一五回の時もあり、文句が出ることもあります。食事を希望する人は前日にチェックシートに記入して伝言板のところに出すようになっています。食事は大体いつも六〇%程の居住者が利用しているとのことですが、利用料金は一食大人二ドル三〇セント。また、子どもの料金や残り物の場合はその半値という安さ。この安さの秘密は日本との物価の違いが大きいのでしょうが、まとめ買いするほど割安になるというメリットを最大限活用しているからでもあります。

ここのコモンハウスの広々としたキッチンは、誰もが使えるように引き出しにラベルを貼って中味がわかるようにしており、きちんと整頓されていました。

ただ、初めてのケースということもあって、コモンハウスのダイニングやリビングのスペースがややくつろげない空間になっているのが反省点、という言葉には頷けるところがありました。また実際にできてみれば、当初考えていたゲストルームなどはあまり使われていない、とのこと。今後、住む人の年齢が変わればコモンハウスに必要な機能も変化していくことでしょう。その際にも現在あるような徹底した話し合いと物事を決定し進めて行く仕組みがきちんとできていれば、将来起こり得る変化への対応も取りやすいのではないでしょうか。

それが、とことん話し合うことがコミュニティの基礎となっているコウハウジングの強味かもしれません。

コモンハウスの内部

コモンハウスの掲示板

リビングから食堂をみる

作業し易いコモンキッチン

3点とも(株)東急総合研究所提供

2 住人だけで作ったコウハウジングウィンズロウ(3)

ウィンズロウの暮らし

九七年の北米コウハウジング会議に出席している時でした。同じ会議に参加していたウィンズロウコウハウジングに住むボブとマーチに声をかけられました。「今日この会議が終わったら、私たちのコウハウジングを案内するから一緒に来ませんか。」私たちには願ってもない申し出です。

マーチの運転する車に乗せてもらって、ワシントン州立大学から車で二十分足らずでシアトル港に着きました。そこから車ごとフェリーに乗って、三十分程でベインブリッジ島に到着です。

私たちの目指すウィンズロウコウハウジングは、このワシントン州パゲットサウンドのベインブリッジ島にあるのですが、この島は開拓者精神を持った一万六千人の人々が住む小さい町で、住人の多くはシアトルの街にフェリーで通勤しています。植物が青々と茂った緑豊かな島は、治安が良く、医者や弁護士にも人気があり、また百年程前日本人も開発に参加したということで、日系人も多く住んでいます。この島でウィンズロウコウハウジンググループが選んだ開発の方法はユニークで、それまでの北米コウハウジングの中でもパイオニア的存在です。その方法とは、外部のディベロッパーに頼らず住人自身が開発し、分譲方式ではなく組合の株をみんなでもつ共同組合方式によって所有するものです。

私たちが現地に着いた時は薄暗くなっていましたが、「コウハウジング」の本の表紙でなじみがあり、すぐわかりました。五エーカー(約二ヘクタール)の敷地に、三角屋根のタウンハウスが木立の間に整然と美しくそびえています。

ボブが懐中電灯を持ってきて、林檎や梨のなっている果樹園や、陶芸工房を案内してくれました。鶏舎もあり、卵は自給自足のようです。外部を一通り見たのち、コモンハウスを案内してくれました。

地上一階、地下一階、四六五m^2のコモンハウスは

「コウハウジング」の表紙にもなっているウィンズロウの外観
表紙をもとに書き起こしたスケッチ

敷地配置図

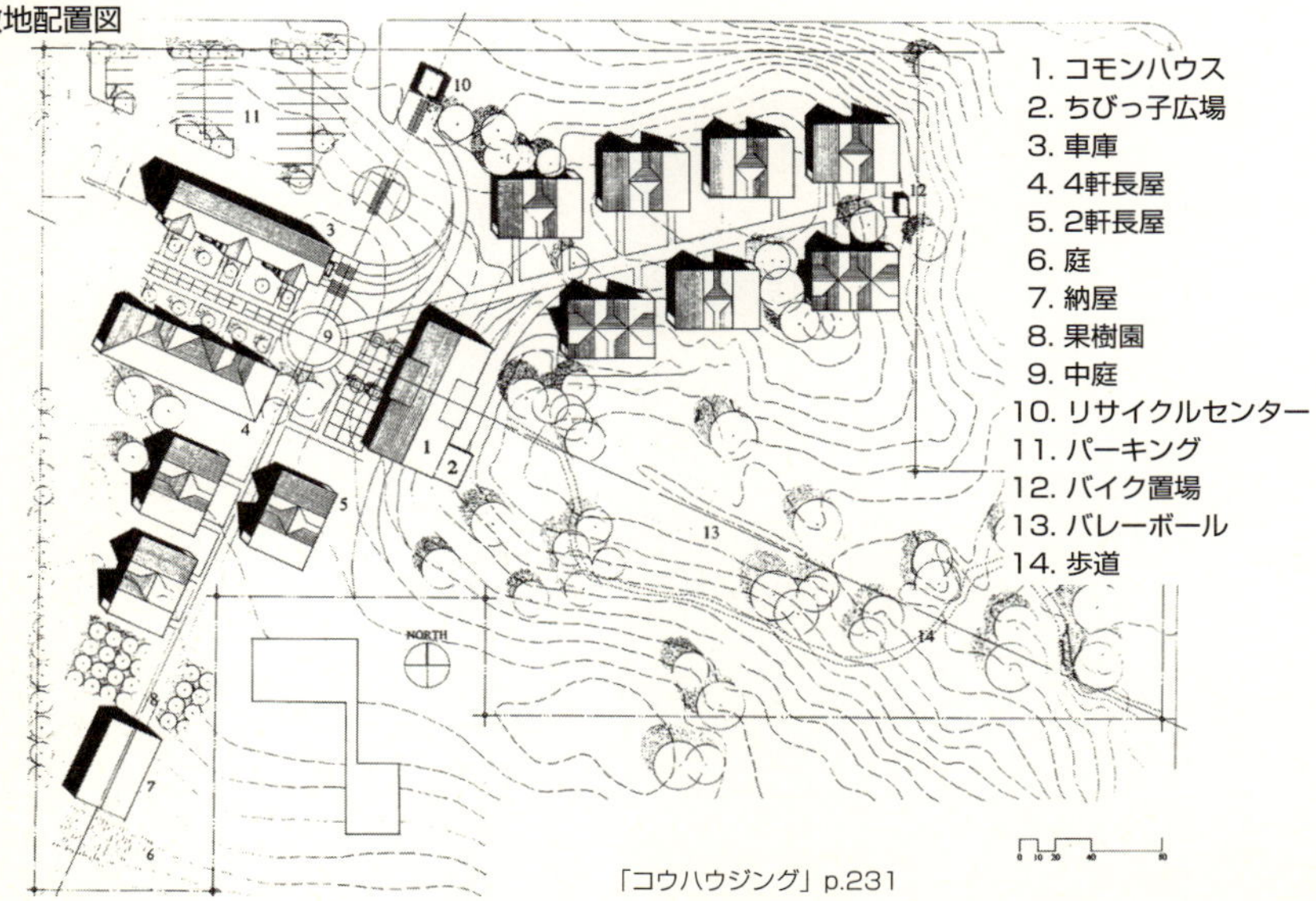

「コウハウジング」p.231

コミュニティの中央にあります。そこは、例えば仕事帰りなどでも立ち寄りやすく、顔を出すと誰かがいて、お帰りなさいと迎えてくれる場所です。また家で働くコウハウザーにとってはコモンハウスは昼休みをとるのに理想的な場所です。みんなコモンハウスを自分自身の家の延長のように感じています。コモンキッチンでは、二人の女性が果樹園で収穫したりんごでアップルソースをつくって瓶に詰めており、周囲に何ともいえない、いい香りが漂っていました。

ボブはコモンハウスの隅から隈まで案内してくれ、大きな冷蔵庫まで開けて見せてくれました。何やら一杯入ったタッパーが並んでいました。コモンキッチンは中央に大きな配膳台があって、上からはフライパンや鍋がぶら下がっています。誰が使っても一目で分かるように配慮され、大型の食器洗い機もありましたが、家庭的な雰囲気の空間でした。

コモンダイニングは正面に暖炉があって、天井が高く四メートルはあったでしょう。開放感はありますが、天井の表面が固く、沢山の子どもたちと一緒に食事をすると声が響いてうるさいため、みんなで

キッチン：果樹園でとれたりんごでアップルソースを作っている

一緒に食事をすることを避ける人がでました。そのため、天井に吸音効果のあるタイルを貼り、壁に大きなキルトやタペストリーを吊るすなどして工夫をしていました。見学した時には、誰かの誕生日の時の飾り付けが好評だったようでそのままにしてあり、ほのぼのとしたいい雰囲気を醸し出していました。

玄関を入って直ぐのところに三十世帯分のメールボックスがあって、誰もが一日一回はここに立ち寄るそうです。その奥はこじんまりとしたオフィスになっていて、パソコン、ファックス、コピー機が置いてありました。

階段を降りて地下（といっても敷地に高低差があり、一面は外部に面しています）にいくと、まずランドリールームが目に入りました。洗濯機が三台、乾燥機が二台置いてあり、簡易の物干ができるようになっていました。そしてなぜか正面にキッチンセットが置かれているので、何に使うのか聞いてみると、建設当初、隣の部屋を保育室に使っており、そこで簡単な調理ができるようにしたのですが、今は子ども達も大きくなり、使われなくなったとのこと

コモンダイニング：暖炉があり、壁にはタペストリー

でした。保育室は現在ゲストルームとして使われています。

子ども部屋を地下にしたのは、夕食後、子どもが遊んでいる間、親が上の階でリラックスできるよう音の問題を考慮してのことでした。しかし小さい子どもをもった両親は、子どもが地下にいると呼んでも聞こえないことがあり心配でした。そして度々子どもたちを見にいくことになったそうです。

もう一ついいなと思った部屋は、レクリエーションルームと称したティーンエイジャーの部屋でした。子ども達はそこで楽器を鳴らしたり、ヘルスマシンで体を動かしたりしており、ティーンエイジャーのたまり場としての機能を果たしています。普段からこの部屋や屋外で過ごし、自分の部屋へは眠りに行くだけの子どももいるとのこと。日本ではゲームセンターやコンビニが夜のたまり場になることが多いことを思えば、コウハウジングのコモンハウスにこのような場所があるとほっとします。

ここのコウハウザーに日系三世の女性がいて、その友人であるみち子さんが私たちのためにわざわざ来てくれて、通訳も兼ねて一緒にまわってくれまし

コモンハウスの一角にあるオフィスコーナー

た。

案内してくれたボブは七十才前後と見受けましたが、一人住まいです。ウィンズロウコウハウジングの建設に最初から加わっていたということで、ここの住まい方がとても気にいっているようです。

マーチは二人の小さい子どもの母親です。子ども達が遊んだままになって散らかっている家の中を「また散らかしてかたづけてない。」などと言いながら、見せてくれました。子どものいる家はどこも変わらないんだな、と親しみを感じました。

玄関を入るとどこの家も通路に面してキッチンセットのシンクがあり、食器を洗いながら小径を通る人が見えるようになっています。一階はキッチンとダイニング、リビングルームとベッドルーム一つ、そしてトイレ。二階はクロゼット付のベッドルームが二つと浴室、トイレ、洗面所です。日本でも良くある三十坪前後の三LDK住宅といった感じで、決して広いとは言えません。階段の踊り場まで本棚が置いてあって物があふれていました。

キッチンの上は吹抜けになっていて二階から見える様になっていましたが、子どもの多い家は吹抜け

コモンハウス平面図

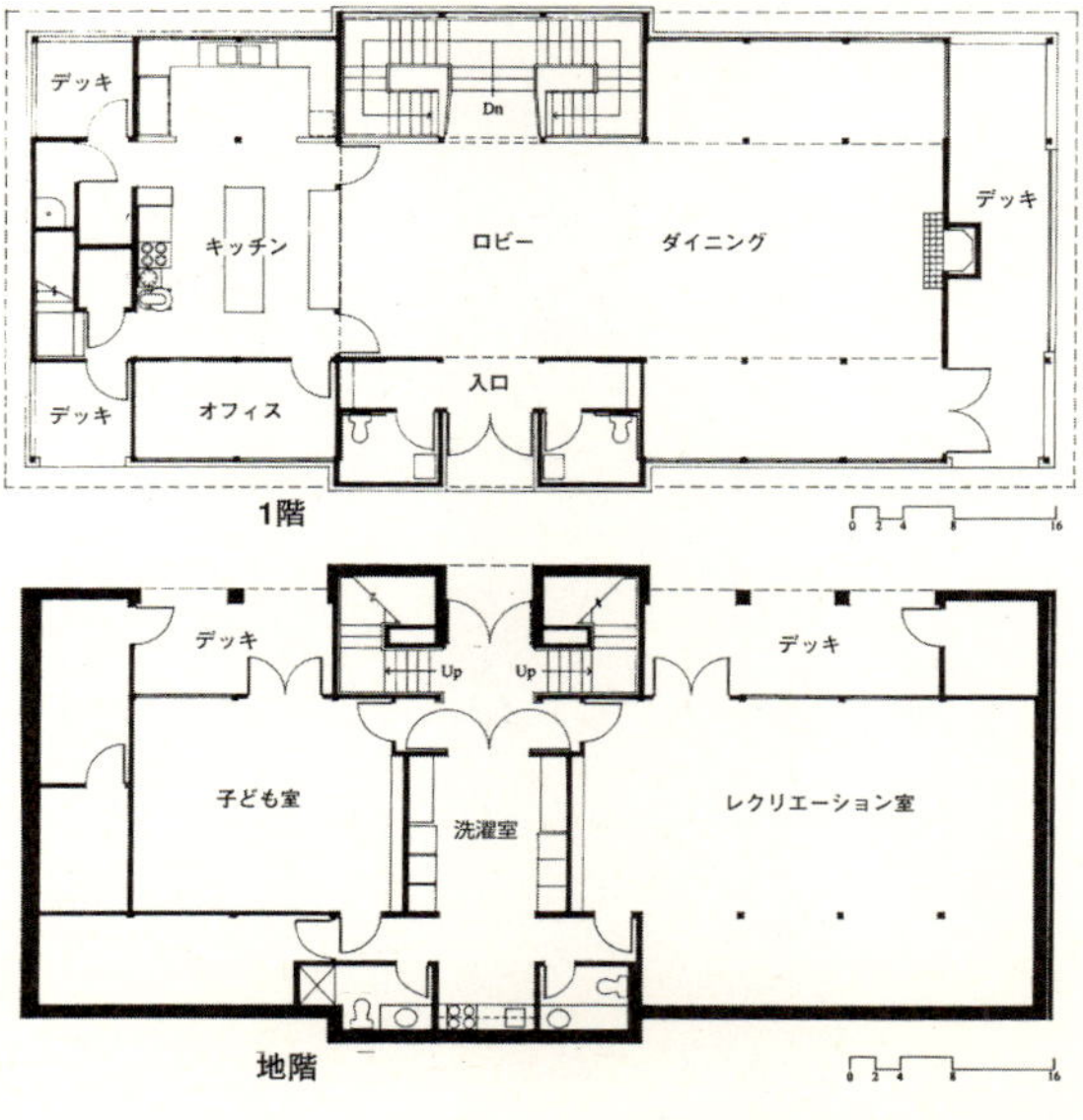

「コウハウジング」p.235

をふさいで部屋にしている家もありました。

三十世帯のタウンハウスが建ち並び、四六〜一三〇㎡の家が個人のニーズに合わせてつくられています。平面プランは標準でも内部の仕上げは注文に合わせてつくられています。

最後にワンルームの家が売りに出されているということで見せていただきました。キッチン、バス、トイレ、ロフト付で日本円で二千万円ちょっと。結構いい値段だとその時は思いましたが、広大な果樹園と豊かな外部空間、リビングの延長として使えるコモンハウスを持ち、知り合い同士で暮らせるということは、考え方次第では決して高くありません。

車は敷地の隅の方に一箇所にまとめて駐車するようになっていて、敷地内の通路には車が一切入って来ず、三輪車や手押し車があちこちに置かれていました。そしてそれぞれの玄関ポーチはかなり広く、藤椅子やテーブル、ピクニックチェアが置かれ、自然に人が集まり会話できるようになっていました。大人たちはおしゃべりをしながら、子ども達は自由にその辺で遊びまわれるという仕掛けです。自然に囲まれた環境で治安も良く、子育てをし、仕事をし、

台所の窓から外の通路がすぐ見渡せる

個人住宅（タウンハウス）平面図

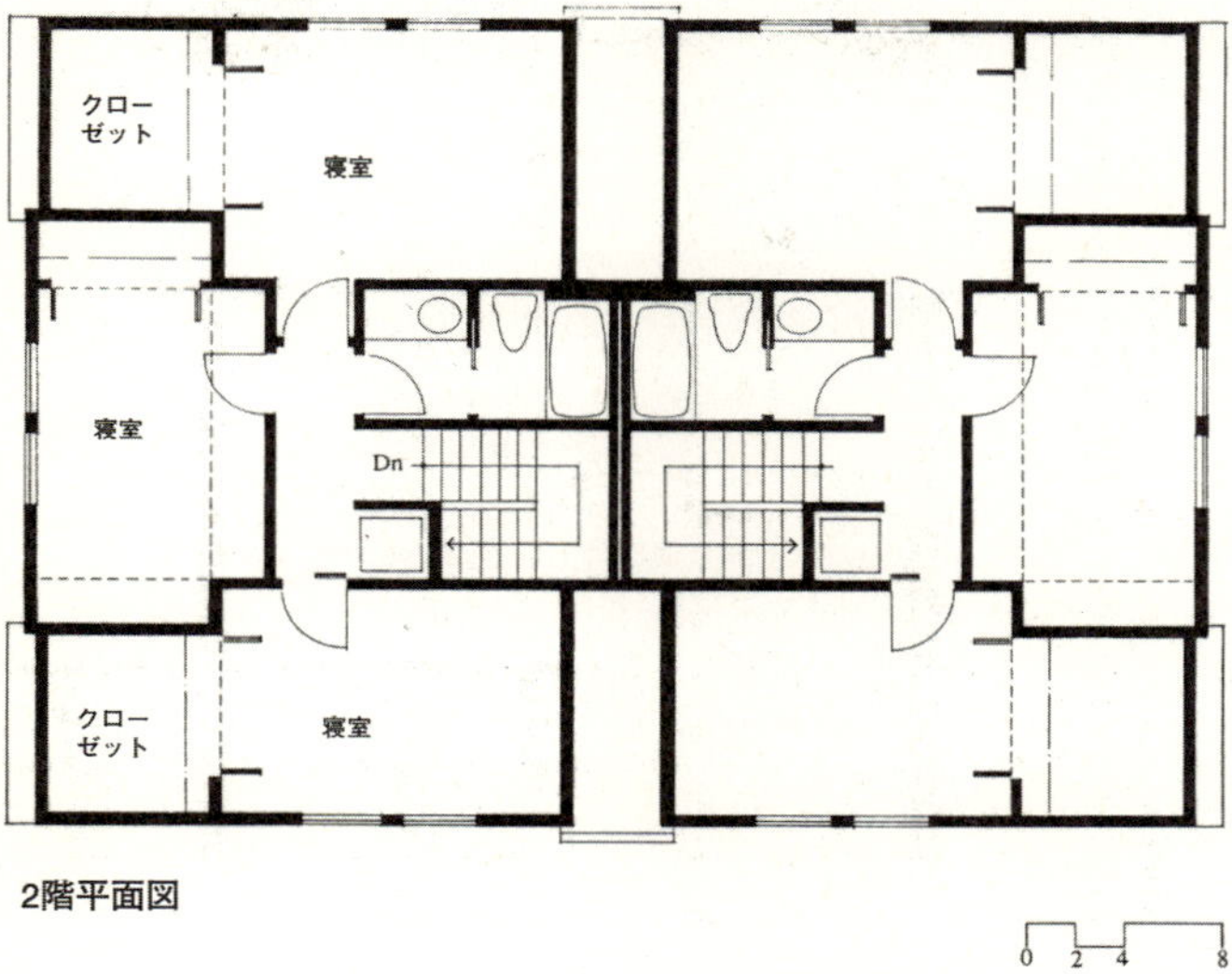

2階平面図

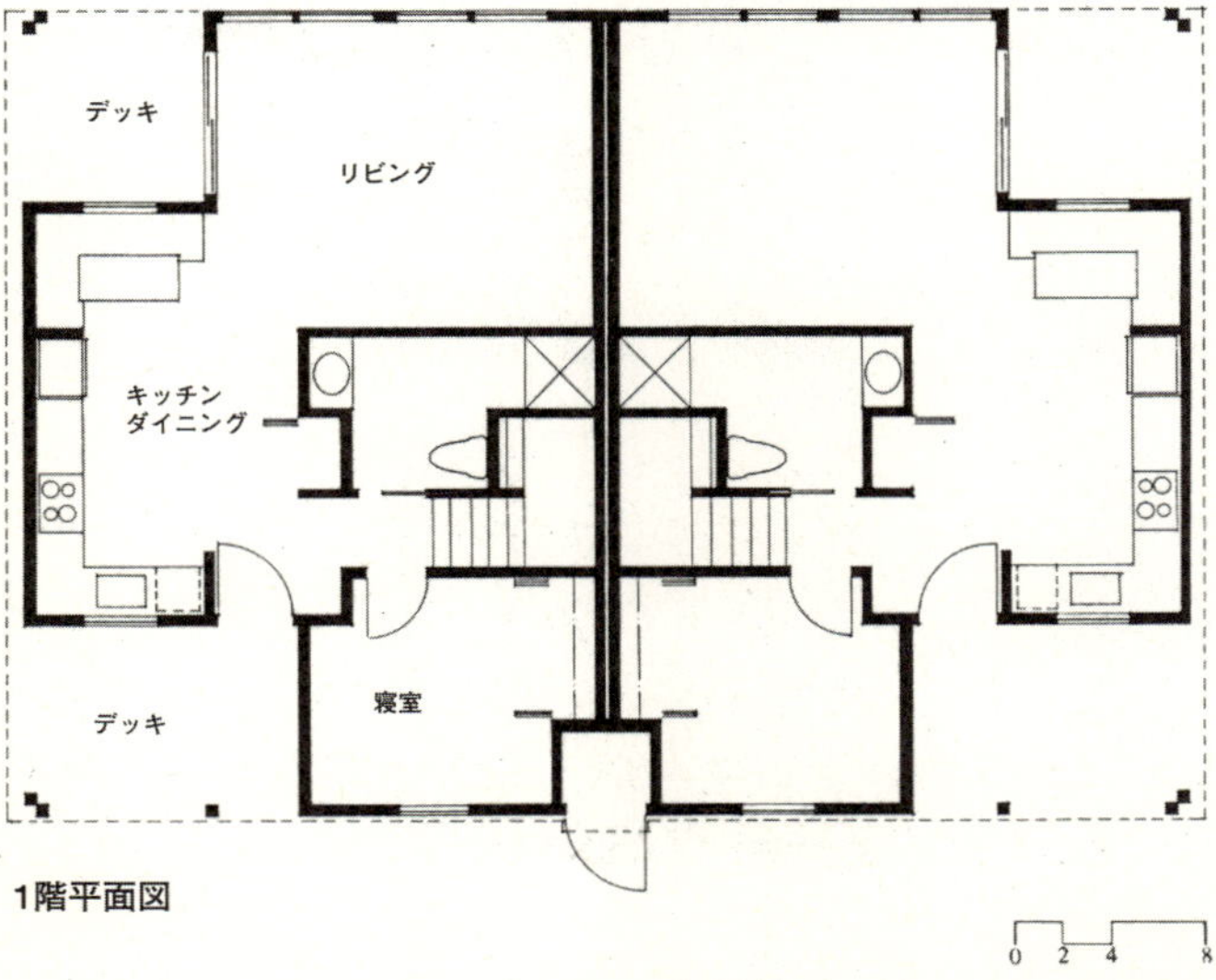

1階平面図

「コウハウジング」p.234

各戸の玄関ポーチ

子どももシニアも一つのコミュニティで暮らすということは、限られた人だけができることかもしれませんが、うらやましく思いました。しかし、ここまで来るのは大変な道のりだったようです。

住人がディベロッパーとして活躍

ウィンズロウコウハウジンググループは、住人自身がコウハウジングをつくることが可能であると示してくれました。外部のディベロッパーを入れないことにより、自分たちのコミュニティという意識が高まるのはもちろん、お金の節約にもなります。プロジェクトは一人のメンバー、クリス・ハンソンによって始まりました。彼の熱意がなければ開発は進められなかったことでしょう。

ウィンズロウのグループが外部のディベロッパーを雇うことなく成功したのは、たまたま住人グループにハンソンをはじめとして様々な住宅の専門家が含まれていたからです。建築家や弁護士、建設業関係者、大工等、彼等はその道では欠くことのできない専門的技術をもって貢献しました。ある住人はその点についてこう述べています。

「開発のある段階である人が大きな役割を果たし、他の人たちは彼の指示に従いました。しかし次の段階では他の能力が必要でしたが、ちゃんと代わりの人が現れました。全てバランスが取れているようでした。」

沢山の専門家がいることでグループの人たちは本来新しいグループがやるべき基礎情報を集める、といったことからは解放されたのですが、すべてをグループメンバーの中の専門家がやることは利害関係なども絡み、問題が発生しました。

ウィンズロウの住人は次のように言います。

「準備のためや、プロジェクトを軌道に乗せるためや、情報をネットワーク化するためにグループ内の技術者や才能のある人たちを使いましょう。けれど外部のコンサルタントや専門家も雇った方が良いですよ」

ウィンズロウのコミュニティは自分たちがディベロッパーとして活躍しました。それは次のような条件が揃ったから可能となったのです。

・グループの中に開発のプロセスを導いたり、土地を手に入れる方法やプロジェクトの運営の専門的知識をもったメンバーが含まれていたこと。

・必要に応じ外部のコンサルタントに依頼したこ

と。

・土地を確保するのが比較的容易で、その後の地価の上昇によりプロジェクトの資産額も上昇したこと。

・ディベロッパーが代理にならなくても融資が受けられたこと。

・住人がリスクの件う開発の準備段階で相当額の資金を出資したこと。

開発のプロセスを自分たちで行うためにウィンズロウのコミュニティは三年間毎週土曜日をミーティングに費やしました。

プロジェクトは各段階ごとにさまざまな調整や決定が必要で、プロセスに非常に時間がかかり、つき合いきれなくなって去っていった人も何人かいました。

そのような苦労を経て、ようやく完成し、引っ越したのですが、入居した月は最初の意気込みはどこへやら、みんな疲れすぎて毎週ポットラックディナー（一品持ち寄っての夕食）ですませました。コミュニティ生活を楽しめるようになったのは、何ケ月かあとのことでした。

敷地を探す

敷地探しにあたって、住人は早い段階でいくつかの候補地を選びました。ハンソンはこれらを見るためのフィールドトリップ（敷地探検）を組織しました。結局はそれらの候補地の中からは選ばなかったのですが、それぞれの参加者が探しているのは町中なのか、もっと郊外なのか、大きいのか小さいのか等、各自の考えを知るのに役立ちました。大多数の人が町の中で敷地を探そうと決めた時、何人かはもっと郊外の土地を探す方にまわりました。グループの焦点が定まったのは自然の成り行きでした。

所有権を共同して持つ

コウハウジンググループの多くは最初の話し合いで、住人組合方式の所有権でプロジェクトを進めることができるかどうかを検討します。組合方式の所有権というのは、住人全員が非営利の会社の株式を各自の住宅価格に見合う分保有し、その会社がコミュニティ全体を所有するというものです。

このような住人組合方式はコウハウジングコミュニティにとって理想的な仕組みのように見えます。この方式を選択したことによってウィンズロウのある住人は「すべての人の住宅を私が所有しているように感じ、またすべての人の住宅に責任を感じます。それは今までと違った感覚です」と語っています。このような組合方式の住宅の所有権は法的に保証されていますが、アメリカの銀行は大抵、融資に慎重です。組合方式を支援するためにつくられた銀行であるＮＣＢですら、十分な建築費を融資してくれず、限られたローンしかつけようとしませんでした。

ここで組合方式が可能だったのは、早めに買った土地が値上がりしたことと、住人の中に粘り強く進めた人がいたからです。しかしこれはまれなケースで、多くのコウハウジングプロジェクトは銀行にも役所にも馴染みのあるコンドミニアム（分譲マンション）方式で進められています。

計画の問題

建設中、いくつかの変更を余儀なくされ、プロジェクトにかかる費用はかさみました。また建設が始まる前に徹底的に話し合い、同意し、注意深く完全を期して考えたプログラムでも問題が起こります。ある住人はそれについて述べています。

「引っ越した時みんな疲れていてエネルギーがなく、ゆっくりしたかったのですが、プログラムづくりも含めてコモンハウスを完成しなければなりませんでした。引っ越す前にコモンハウスが使えるかどうか確かめておいた方がいいですよ。」

家庭の新しい定義

ウィンズロウに住んですぐにその効果が現れたのは子ども達でした。子ども達にとってここは伸び伸びと自由を楽しめるところなのです。ある親は次の様に感じました。

「私の息子たちは世界が広がりました。彼らはいろいろの年齢の人と接し、沢山の人からの影響を受けます。二才の子は今、ティーンエイジャーやおじいちゃん、おばあちゃん位の年齢の人と友達になりました。そして彼等の家に遊びにいったりと大胆に歩き回っています。息子たちは五エーカーの庭を自分たちの家の様に感じています。言うまでもないことですが、彼等を一箇所に呼び集めるには前よりずっと時間がかかります。」

そしてまた、

「ある意味では考えさせられるんですよ。というのも核家族の感じがなくなってくるんです。何か家族で集まろうとすると、前もって決めておかなきゃならないんです。子どもたちはいつも友達と一緒で家にいないんですから」

ウィンズロウでは歩き始めの子をもつ親は、午前中と午後の時間にコモンハウスで子どもの面倒を見ることにしました。それぞれの時間、一人の親が三人の子どもの面倒を見ます。すると二回は自由の時間が持てます。両親で見る場合は六人から八人の子どもと一緒に過ごします。

自分に子どものいない人は子ども達に取り囲まれている恩恵を高く評価します。シングル女性であるマーシは次の様に振り返っています。

「それはすてきな経験でした。近所の人が週末に出かけなければならなくなったので、私は手ぶらでその家に泊まりにいって彼等の子ども達と過ごしたの。お手伝いができたし楽しかったわ。こんなことは前には決してなかった。」

インターネットで世界中あらゆる所とつながった今、自宅で仕事をすることは現実的であり、疲れもぐんと減るはずです。しかし多くの人は創造的な刺激を求めて事務所へ通勤し続けています。もしホームオフィスの環境が心地よく、人とのおしゃべりもでき、豊かに一日を過ごせるのならもっと多くの人にアピールすることでしょう。

ウィンズロウはシアトルへの通勤圏にあり、フェリーの中で朝食を食べながらの通勤も可能なのですが、コミュニティの三分の一近い人が家で働いています。ウィンズロウのホームワーカーたちは、まわりに知っている住人がいることで、生産性が増すと感じています。彼等は「ドアから一歩出ると、近所の子ども達や大人達とおしゃべりができ、ひとりぼっちで仕事をしてる訳じゃないという気持ちになれる」と評価しています。

ほかの住人の引っ越しが終わった時、コミュニティの最後のメンバーとしてプロジェクトに加わった人がいました。彼の家族は、何年間かかけてプロジェクトを成し遂げたグループの人々の中でも、よそ者という感じはなく、心から歓迎されました。彼は思い出して言います。

「グループはとてもまとまっているように感じましたが、

少しも排他的ではありませんでした。彼等は長いプロセスですっかり疲れていて、新しいエネルギーを歓迎してくれました。」

彼等は困難な関発のプロセスには参加しませんでした。コミュニティのデザインにも何も言いませんでした。ウィンズロウのグループによって全ての仕事が完成した後で、隣近所が仲の良いコミュニティに住むことができました。

「四ヵ月前、私たちはこのような暮らしができるとは考えもしませんでした。今、私たちは他に住むことなど想像もできません。」

私たちは、通訳の労を引き受けてくれたみち子さんにフェリーの港まで車で送ってもらいました（フェリーは車の片道のみ有料で、人は無料です）。途中スーパーで買ったお寿司を食べ、シアトルの夜景を見ながら、みち子さんの言った言葉が印象的でした。「グループで集まって住んでいることは知っていても外部の者はなかなか、中に入ることはできないのよ。私も中に入ったのは初めてよ。」

治安の決して良くないアメリカで、垣根を無くして安全に住むための一つの解決策かもしれません。

個人住宅の玄関ポーチ

「コウハウジング」p.230

3 倉庫をリニューアル 都会の孤独を和らげる暮らし ドイルストリート④

都会に住みたい

便利で刺激的な都会生活が好きという人々は多くいます。しかし、そこに住んでみて、多様性のある人々とその暮らしに疎外感を感じ、孤独に過ごす人も少なくありません。そういった人々が、それでも都会を離れられないのはなぜでしょうか。やりがいのある仕事やビジネスチャンス、文化に触れる機会は都会の方が多いからでしょうか。

コウハウジング社のキャサリンとチャールズは、サンフランシスコのベイエリアでもスライドショーと呼ぶコウハウジングの参加者募集のワークショップを週末に開催していました。

コウハウジングに住みたいと希望する都会人は多く、忙しい弁護士の母親と娘や、シングルで暮らす

断面図：スキップフロアーになっている。一部三階建て

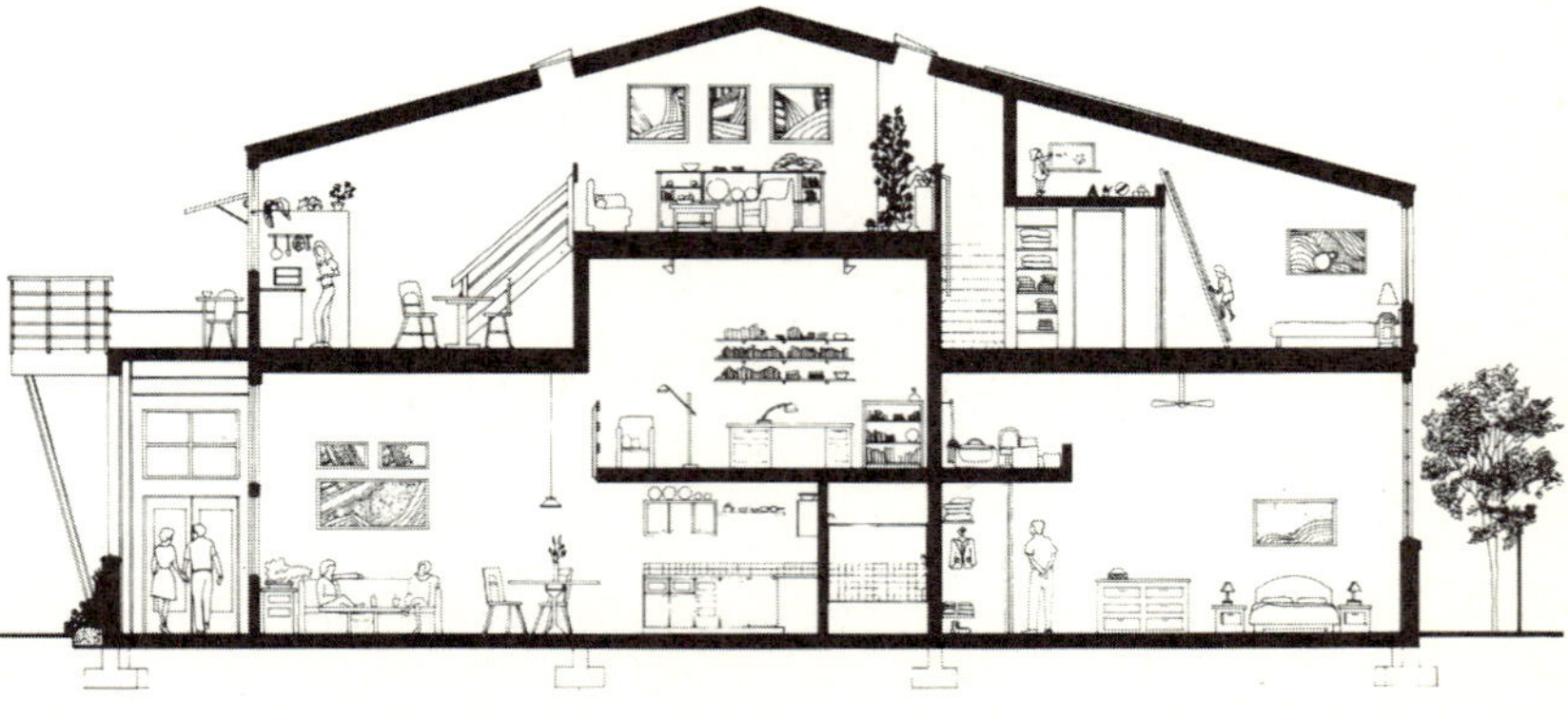

「コウハウジング」p.223

女性など都会で暮らすことを楽しみながら、一方では他人とのつながりを求めている人々などが参加者でした。

サンフランシスコ周辺はアメリカでも土地の値段の高い地域で、コウハウジングを建てるための安くて広い土地はなかなか見つかりませんでした。

そんな時、あるワークショップの参加者の中に、サンフランシスコ湾を渡ってすぐのエマリービルという昔ながらの工業地域の古い倉庫のオーナーがいました。彼はコウハウジングの考えに興味をもち、事業を起こすことにしたのです。

倉庫とコミュニティの再生

エマリービルはたしかにサンフランシスコの中心部に近く便利な地区ではありましたが、空いた工場や倉庫も多く、治安のよい場所ではありません。

ニューヨークのソーホーのような、芸術家や職人が安くて広い空間を活かし、仕事場にしている所です。赤茶けた大きな赤いレンガの倉庫で、果たして、今までの都会人の住宅には欠けているコミュニティや安心できる生活が得られるのか、入居予定者は半

道路側からみた外観　レンガ部分が既存の倉庫の建物

信半疑でした。

コウハウジング社のチャールズは、外側のレンガ壁を活かし内部は壊して、新しく二階建てで一部ロフトのついた七二m^2～一四八m^2の大きさを持つ一二戸の住宅と共同で使うコモン施設をもった計画をつくりました。

また、近隣との関係を和らげるために豊かな緑が楽しめる外構計画が立てられました。

入居予定者が最初に参加費として一〇〇ドルを払い、プロジェクトはスタートしたのですが、それからプロジェクトが完成し、入居が始まるまで結局二年という年月がかかりました。それは、解決しなければならない問題や試練が次々と襲ったからです。

最初に起きた試練は、市の開発許可が近隣の人々の反対にあって却下されたことです。『人口が増え、交通が増え、駐車場の数が少ないので無断駐車が増える』というのがその理由でした。コウハウジンググループは市に訴えることにしましたが、話し合いの結果、結局、三台の駐車場を追加したのです。

また、近所にコウハウジングが建てられることで夜の安全が確保されることを訴え、請願書にサインして貰うために反対した近隣を回りました。グループのメンバーは市が行う説明会に参加し、プロジェクトの内容や近所の人たちへの約束を一生懸命説明しました。このような努力が実り計画委員会は満場一致で計画に賛成し、こうして工事が始まりました。

ローンの調達とメンバーの変化

住宅建設には、もう一つクリアしなければならない問題があります。それは資金の問題です。アメリカの銀行は家を抵当に三〇年ローンを設定し、ローンを組むという方法より、ローンを担保抵当会社に売る方法を選びます。担保抵当会社はリスクを低く押さえるために、その家が貸した金に値する価値があるかどうかを判断し、ローンを貸すことを決定するのです。国際担保協会がこのコウハウジングは『考えが新しすぎて良くない』という決定をしたため、銀行ローンが取り消されてしまったのです。

住人は緊急委員会を持ち『ドイルストリート分譲マンション』に法律上の名前を変更し、プロジェクトの特徴が一般マンションと特別違わないように書類を修正しました。住人は法的組織を当てにするの

ドイルストリート配置図・平面図

2階平面図

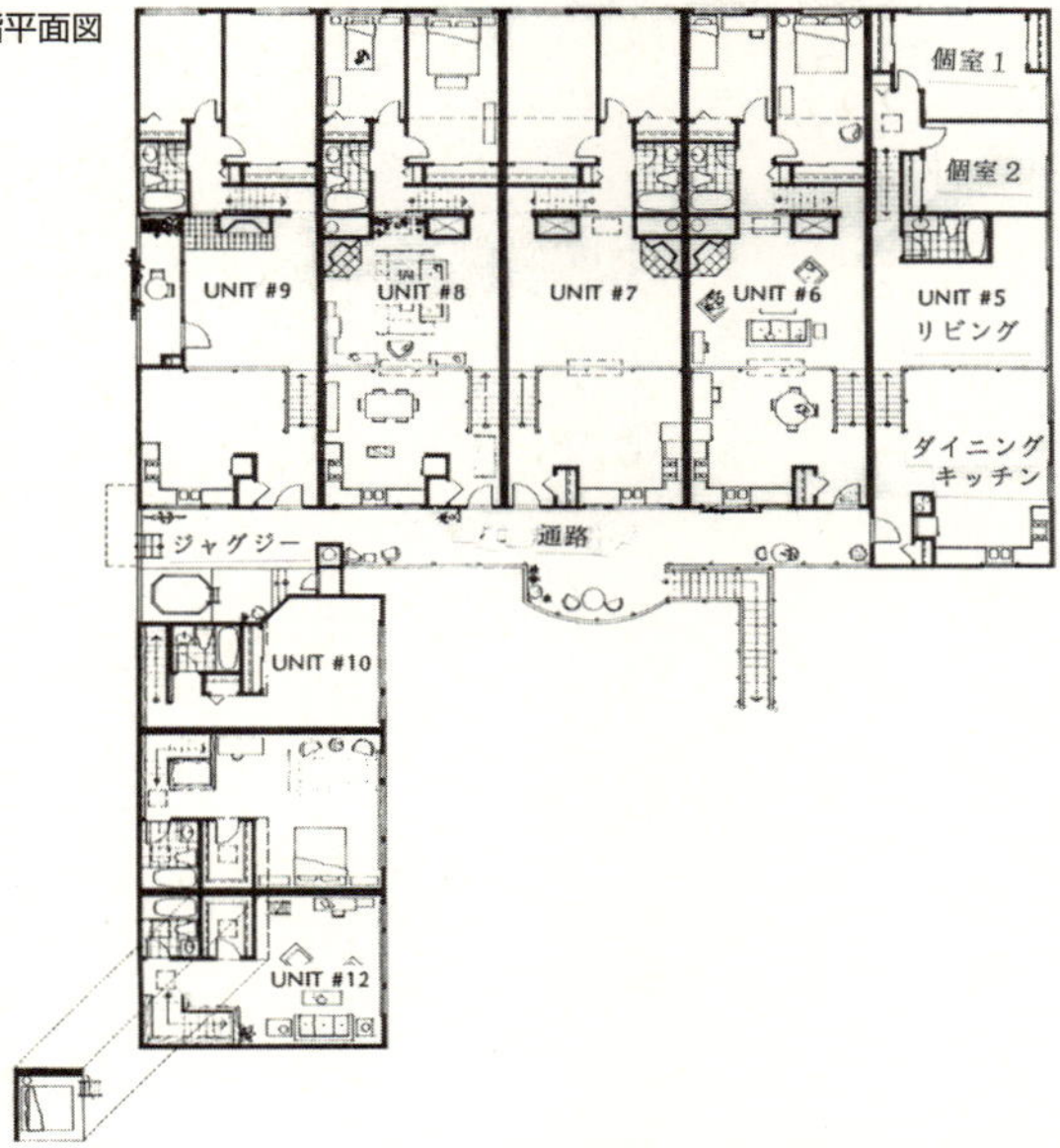

配置図・1階平面図

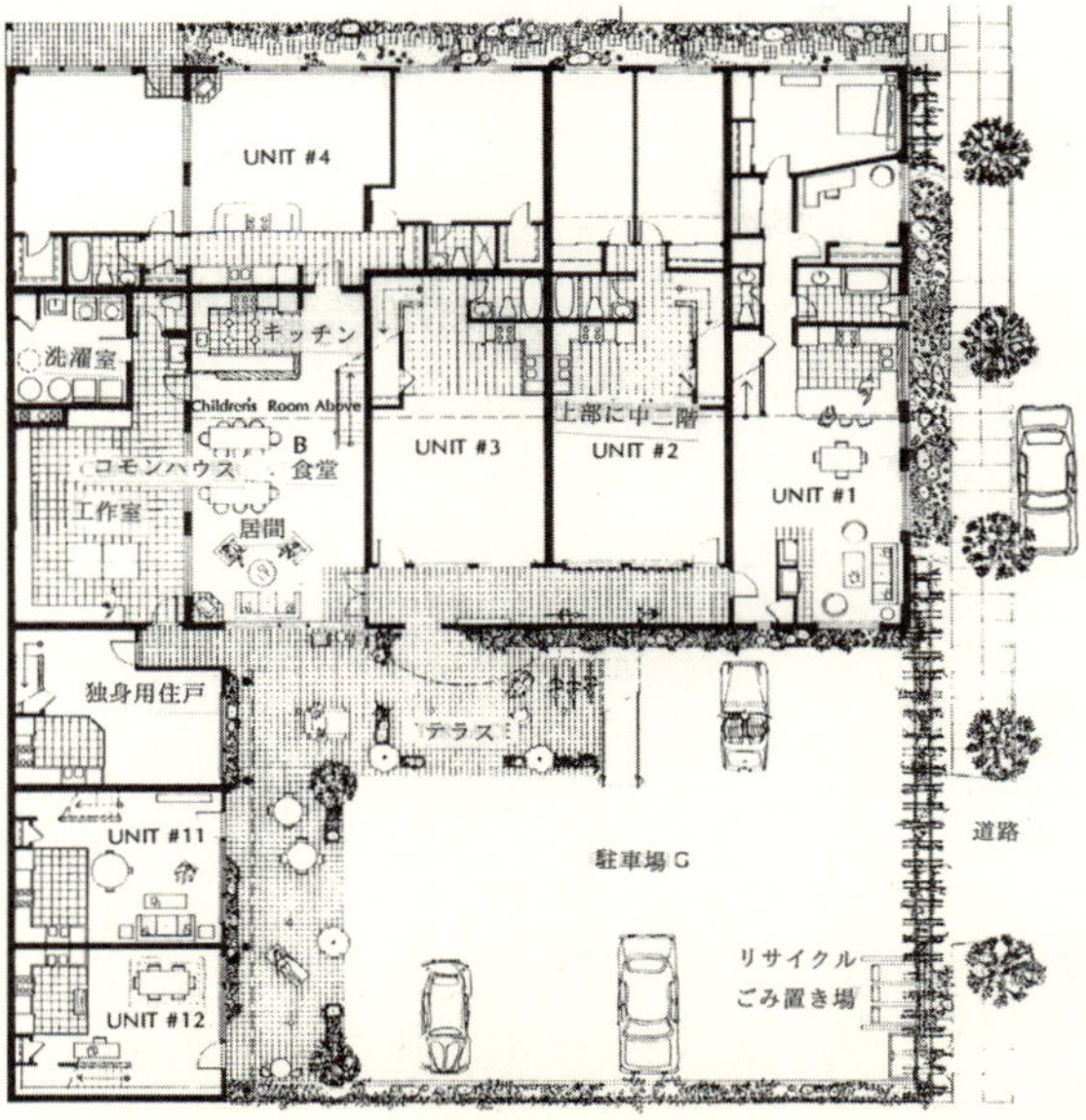

ではなく、住人のお互いの責任や決まりを自主基準として運営していくことにしたのです。

まだまだ困難は続きます。最初の建物の持ち主がディベロッパーとして参加するのをやめてしまったからです。結局、三カ月後に新しいディベロッパーがみつかり、コウハウジング建設はようやく再び動き始めたのです。プロジェクトが進まなかったことで、参加した入居予定者は様々な理由でやめていきました。最初に参加した一七世帯のうち三世帯が最後まで残り、多くの仕事が三家族に降りかかってきました。これは危険な状態でした。しかし、ワークショップなどで入居者の再募集を行い、集まった新しいメンバーは新たな力となってくれました。

忙しい都会人でもできる自主管理

忙しい都会人にとって、自主管理というのは少々面倒と考えがちです。しかし、ドイルストリートの住人は自分たちが納得する管理は自分たちでやることだと考えているため自主管理を選択しました。H・O・A（ホームオーナーズアソシエーション）は法律的に認められた団体で、アメリカならどの住宅団地やマンションでも設置が義務づけられ、入居者は参加しなければなりません。しかし、管理会社に管理を委託するのが普通で、このような自主管理というのは希なケースです。

直接管理を運営するために七つの委員会がつくられましたが、それは共用部分のメンテナンスや、外部との連絡係などです。また、私が訪れた時、一年分の全員の作業分担表が壁に貼ってありましたが、それによると、一八歳以上の住人は全て一年に三回このコウハウジングのために働かなければなりません。主な仕事は建物や設備のメンテナンスで、毎月第二土曜日がその日にあたっています。十時～十六時までが作業時間ですが、屋根の塗り替えなどは夕方遅くまでかかるので、「誰か手伝って！」というお知らせが貼ってありました。原則として自分たちでできるものは自分たちでやるというスタンスだそうです。

コモン施設は住人の共有の場で、住人の要望により『キッチンと食堂、リビングルーム、工作室、子ども部屋、洗濯室、ホットタブ、倉庫』がつくられ、そこでは毎週三回、当番制で食事をつくるコモンディナーが開かれていました。メニューは一週間前から提示され、参加者は印をつけます。当番は料理長とアシスタントの二人一組で料理から片づけまで担当します。お酒を飲みたい人は共同でワインを買い、保管していました。

コモン施設の子ども部屋

子どもが安全に遊べるスペースをもつのは地価の高い都会では難しいことです。このコウハウジングでは限られたスペースですが、屋外と屋内に子どもの遊び場を確保しています。屋内ではコモン施設のキッチンの上部がロフトになっており、その部分が子ども部屋です。食事が終わるのもそこそこに遊びたがる子ども達。大人達はコーヒーやおしゃべりを楽しみたい。キッチンの上にある遊び場は少し狭いのですが、大人の視線が直接向けられず、しかし気配は感じることのできる居心地のよい場所です。コモンにいる誰かに頼めば、親は自宅に戻って仕事をやり終えたり、家を片付けたりすることができます。コモンの食事の後片付けが終わる頃、すでに眠くなってきた子どもを自宅に連れ戻します。

コモンダイニングのすぐ上が子どもの遊び場

中庭の遊び場は駐車場を増やしてしまったのでずいぶん狭くなってしまいました。また、子ども達が駐車場に出てしまったりするので、トレリス（木製の園芸用格子板）と垣根や花壇で仕切ることにしたそうです。

この場所は屋外のリビングとしても重宝で、ガーデンチェアが置いてあり、おしゃべりを楽しむこともできます。都会でも共同なら子どもの安全な遊び場を確保することは可能なのです。

マーガレットとジョアンニ

建設から五年が経ち、現在住んでいるのは家族が七世帯、男性の独身者三人、女性の独身者が二人です。

夫から残された大きな屋敷に一人で住むより皆で暮らしたいと、六七歳の時、孫娘と一緒に入居したマーガレットは二年前コウハウジングの皆に家族のように見守られながら病院でなくなりました。ここでは週に三回のコモンディナーと呼ばれる食事会が夕方六時から八時まで食堂で行われますが、マーガレットの誕生日には彼女が寄付した豪華な食器で記

ディナーの風景スケッチ

コウハウジングp224より書き起こす

コモンテラス：駐車場と建物の間に緩衝となるスペースを設けている

コモンの工作室

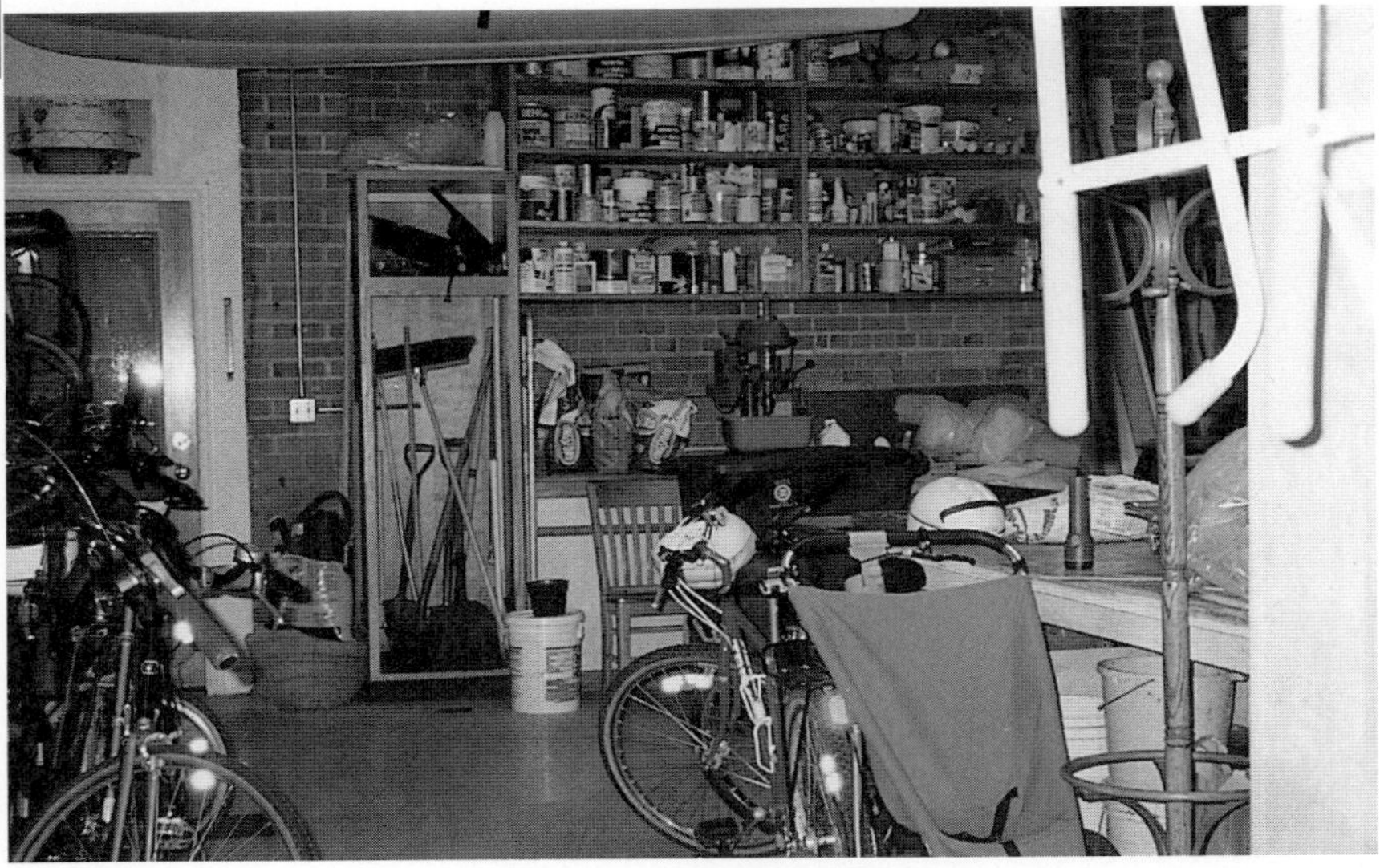

念の食事会を行い、皆で彼女をしのんだそうです。

私たちを案内してくれたジョアンニは頭の回転がとても速い行動的な女性で、娘さんが一人いると言っていましたが、現在は一人で、空き部屋を若い女性に貸して共同生活をしています。ドイルストリートの最初からの入居者ですが、彼女の住んでいる部屋は二階で家の中に段差が多く、飽きて来たのでオークランドの『スワンスマーケット』という古い市場を再生してつくるコウハウジングを立ち上げる活動をしています。

オークランドの計画は商店、スーパー、賃貸アパート、そしてコウハウジングが入る複合建築で、インナーシティ（空洞化した旧市街地）の活性化に大きな意義を持つ興味深いプロジェクトです。

他人との関わりあいを楽しんでいる、孤独ではない都会人の暮らしがこのコウハウジングには見られました。

4 住む人も都市型のコウハウジング ケンブリッジ ⑤

前回のコウハウジング会議出席から二年経った一九九九年十月に、私たちはマサチューセッツ州のアマーストで開かれた北米コウハウジング会議に出席しました。その会議にはボストンツアーと称する見学会が組み込まれていて、ケンブリッジコウハウジングを見学することができました。

ケンブリッジ市は世界的に有名な二つの大学があり、ボストンにも近い街です。

ケンブリッジコウハウジングは駅まで歩いて五分という住宅地にあり、商店や学校も近くにある便利な所です。東西にとても長い敷地で、北側は線路と接しています。そのうえ通りに沿って三軒の家が敷地を東と西に分断するように建っています。土地の条件は決して良くありませんが、マイナス面を克服して様々な工夫が各所になされています。

ケンブリッジコウハウジングの第一印象は、今まで見てきたコウハウジングとは大分違うものでした。それまで見たコウハウジングは中庭や広場を囲むように家が建ち、建物は南向きにはこだわっていませんでした。しかし、ここは全戸南向きの四階建ての集合住宅と三階建てのタウンハウスが建っています。南側の道路からは子どもの遊び場や、芝やハーブや花を植えてある前庭がよく見えます。庭の脇を入って行くと集合住宅の玄関にぶつかります。

建物の中を案内してもらう前に、庭で建物についての説明を聞きました。建物は省エネルギー設計になっていて、敷地内の三つの井戸を利用し、ヒートポンプ方式で全館セントラル冷暖房をしており、資源保護と持続可能な環境をつくるよう気を配ったということです。

四一戸の住宅（アメリカのコウハウジングとしては大きいほうです）に一才から八〇才まで九五人の人が住んでいます。単身者が一三世帯、夫婦のみが一二世帯で、残り一六世帯が子どものいる世帯です。所有形態は分譲区分所有ですが、そのうちの二戸はケンブリッジ市の住宅財団⑹が購入し、低所得者向けの賃貸住宅になっています。

充実した各戸とコモン施設

建物の中は住人たちのセンスがそこかしこに窺えます。一階のほぼ中央にあるコモンダイニングや、コモンリビングにいくまでの廊下にたくさんの絵がかけてあり、エレベーターの中もタペストリーや花篭でアットホームな雰囲気を演出していました。

庭に面したコモンリビングにはグランドピアノが置いてあり、ゆったりとくつろげる空間になっています。コモンダイニングは八人掛けのテーブルが七箇所ほど、五〇～六〇人は座れそうです。壁には住人たちが描いた絵がかけられていて、レストランというより広い家の食堂といった感じです。ダイニングに続いて、子ども室とキッチンがありました。キッチンセットは全部木製で、どこに何を入れるかというシールが貼ってあります。食器が少ないと思ったら、食事の時は各自食器をもって来て、終わったらもち帰ってそれぞれ洗うのだそうです。

他に一階にはゲストルームと図書室があります。

配置図・平面図

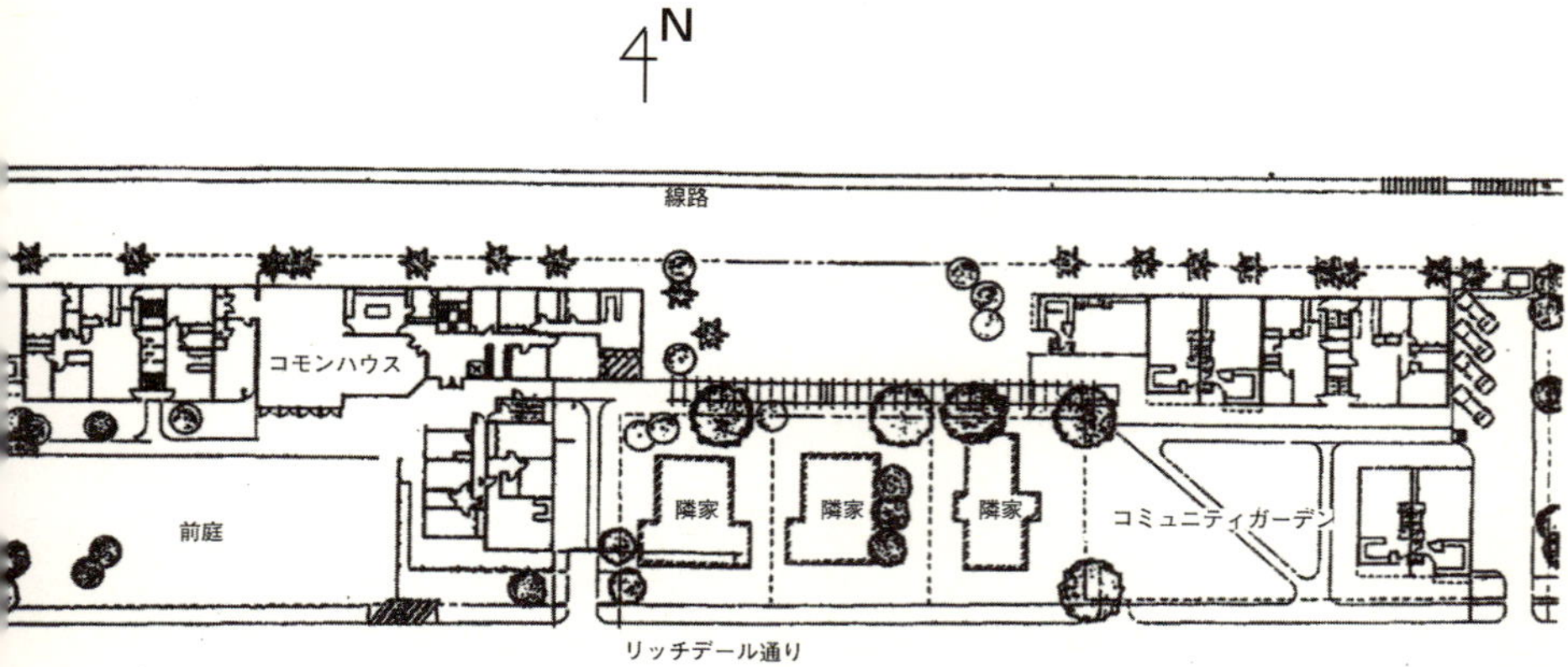

通りから見たケンブリッジコウハウジング

前庭から見たところ

ケンブリッジコウハウジンク

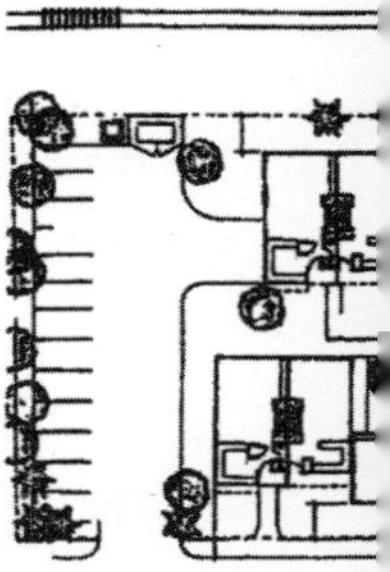

地下には音楽室、エクササイズルーム、作業室、娯楽室、ランドリールーム、リサイクルセンター、食品庫、倉庫、機械室、駐車場等の共用スペースがあり、ビリヤードや卓球ができる娯楽室は特に充実していました。しかも、これらの部屋はいつでもどの部屋でも自由に使える点が、日本のマンションの集会室などと違うところでしょう。

案内してくれたアンの家を見ることができました。見るからに品の良い奥様といった感じのアンの家は、お洒落で居心地の良い素敵なインテリアでした。リビングの壁は一面本棚になっていて、家でも日常的に本を読む環境が整っているようです。日当たりの良い南向きに台所が位置し、食器を洗いながら、窓から庭が見えるようになっています。その他に、スタジオタイプ（日本のワンルームタイプ）の家と地下室もあるタウンハウスの一軒を見せていただきました。

また見ることはできませんでしたが、知的障害を持つ息子さんが自立できるように、他の三人の人と住宅をシェアしている介護用住宅もあるそうです。

これまでの道程

始まりは、一九八九年、草の根運動で知り合った小規模のグループでした。ボストン地域にコウハウジングをつくろうとコアグループをつくり、呼びかけました。

一九九五年の春までに一五組の家族がケンブリッジコウハウジングの中心メンバーになりました。グループは二班に別れ、片方は組織やコミュニティのあり方を探究し、もう一方の開発事業専門家のグループは実際に土地を探し、目的にあった土地かどうかなどの検討をしました。

九六年の初めにリッチデール通りの鉄道に沿った、誰も見向きもしないような細長い敷地が有力候補に上がりました。この敷地に建設するために、二〇家族が費用の三〇パーセントに当たる二百万ドルを払い、このお金でグループは土地を買い、専門家を雇いました（住宅信託協会から六五〇〇万ドル借りることができました）。

建物の配置が決まり、近所の人々に説明会を開きました。近所の人は開発により車の行き来が増えることを我慢すれば、見捨てられたような土地が住宅

娯楽室

コモンの図書室

エレベーターホール　各階とも個性的にしつらえてある

コモンダイニング

地に変わることを喜びました。

　住宅の構成は、一三戸の単身者用と一三戸の家族向け、そして一三戸の夫婦向け住宅を計画しました。若い家族も入って欲しかったので、コミュニティでお金を出して託児サービスを行った結果、一五才以下の子どものいる家族一三世帯が入居を決めました。住戸をどこにするかはくじで決めました。

　このプロジェクトで入居予定者は一緒に働くことを学び、協調性が養われバランスがとれてきました。九七年古い工場が解体され、三月には建設が始まりました。グループは時間とお金を節約するために、プレハブのユニットを使うことを決めました。しかし、都市の中の狭い敷地ではいくつかの部材を置くことができず、郊外に倉庫を探さなければなりませんでした。また部材の納期が遅れたり、敷地内にあった大量の汚染された残土を取り除くための費用や時間がかかって、工事は予定より大幅に遅れました。

　最初の家族が引っ越したのは九八年二月。最後の家族が八月に引っ越して、十一月にはコミュニティの発会式が行われました。

　集合住宅の玄関に向かう通路には、完成までの工事中の写真とコウハウザーの家族の写真が大きなパネルに貼られていて、私たちを迎えてくれました。

開発のコンセプト

　ケンブリッジのグループが、開発のプロセスでつくりあげたコンセプトを紹介します。

・ケンブリッジコウハウジングの目的は、建物や人と人のふれあいが都市に住む人の生活の質を高め、元気が出るような都市型コミュニティをつくることである。
・そこは、様々な歴史をもった、多様な年齢層の人が住むコミュニティ。そこでの暮らしは便利で活気があり、大人も子どもも、年配の人も、様々な民族、宗教、収入の人も、そしていろいろの能力をもった人たちが一緒に住めることをめざそう。
・コウハウジングでの生活はそれぞれの個人の暮らしがあると同時に、コミュニティに参加して協同して働くことによって、健康的で癒されるようにしよう。
・コミュニティはいろいろの大きさの住戸から成り立ち、タウンハウスとアパートメントをつくる。

そして色々の設備をもったコモンハウスを、みんなで共有する。
・全ての場所はバリアフリーで、各戸は住む人のニーズにあったように設計する。
・質の高さ、シンプルさ、そして美しさを信条として敷地全体を考える。
・共有の庭、屋外での子どもの遊び場、レクリエーションの場は十分な広さを確保する。
・公共交通の駅から歩いて行ける距離で探す。
・デザイン上、構造上、そして敷地全体の利用の上でも持続可能（サステイナブル）にする。
・リサイクル、地球を汚さないエネルギーに特に気を配り、環境に良い物を使う。
・協同作業によって毎日の生活を楽しくする。
・資源を経済的に使うよう、配慮する。
・大家族の暖かさを大事にし、質の高い近所づき合いをする。
・プライベートの家での生活と、他人と一緒にいたいという生活の両方のバランスを考える。相互に助け合うと同様、個人の生活も大切である。
・ものごとを共有することと、社会的活動（それは祝いごとや、みんなでやる調理や食事、子どもの世話、建物の維持管理、その他の仕事や、問題解決の様々なこと）を通してお互いに影響しあう。
・一緒に住むことによって、お互いに貢献するようになり、より大きく、グローバルなコミュニティにする。

この「コンセプト」を読んで読者の皆さんはどんな感じをもたれたでしょうか。これだけのことを考えて住む住人はとても格調高い人たちだと思いませんか。ここには白人も黒人も住んでいます。住人の宗教も多種多様であり、またゲイもレスビアンも住んでいるということです。日本では同性愛というとまだ市民権をもっていませんが、アメリカでは隠すこともなさそうです。特にコウハウザーの人たちは自分たちがどういう人間か、インターネットや、呼びかけのパンフレットで公開しています。こんな人たちが住んでいますが、それでも良かったら一緒に住みませんかということのようです。

九九年のコウハウジング会議はアマーストのパイオニアバレーコウハウジングで開催されたのですが、そこのコウハウジングには日本人が住んでいました。彼はニューヨークのマンハッタンで働いていたそうですが、アメリカの女性と結婚し、子どもに良い環境を確保するためコウハウジングに住むことを選び、味噌をつくるためアメリカの会社に勤めを変えたそうです。特別なのかもしれませんが、日本の男性もコウハウジングに住めるということを証明して下さっているようで心強く感じました。

コウハウジングの住人たちが参加した会議で、あるコウハウザーはこんなことを言っていました。

「クリスマスを祝う人と、そうでない宗教の人がいるので、コモンハウスにクリスマスツリーを飾るかどうか問題になり、結局飾りませんでした。」

色々な人がいるということは問題も色々あるということです。

ケンブリッジコウハウジングに住んでいる人たちのほんの数人に会っただけで、全てを判断することは難しいですが、建物、「コンセプト」、案内して下さった方々などから受ける印象からは、みんなこのコウハウジングを誇りに感じて暮らしているらしく、アメリカの都市型コウハウジングの新しい流れを見た気がしました。

前庭にある子どもの遊び場

5 既存の建物を生かした都市型再開発 バークレー

一九九七年七月、シアトルで開催された北米コウハウジング会議の前日、私たちは、ピュージェットリッジコウハウジングに向かいました。そこではこの会議の前夜祭が開かれており、会議に参加するアメリカのコウハウジング組織の主な人たちが集まって熱心に討論していました。

その中にバークレーコウハウジングのドナ・ノムラの姿がありました。私たちは会議の後サンフランシスコに行っていくつかのコウハウジングを見学したいと思っていたのですが、一目で日系人と分かる彼女に親しみを覚え、話してみました。

ドナは私たちの希望を心良く引き受け、バークレーコウハウジングへの道順と連絡先を書いてくれました。

バークレー　ドナの暮らし

バークレーコウハウジングは、サンフランシスコからバートと呼ばれる高速電車に乗り、海底トンネルを抜けると間もないノースバークレーの駅で下車、そこから歩いていける距離です。駅から電話をするとドナ・ノムラが車で迎えに来てくれました。コミュニティにはすぐ着きましたが、道路から見ても看板があるわけでもなく、他の住宅と何ら変わりありません。しかし、一歩敷地に足を踏み入れると、すぐに十四台分のパーキングがあり、奥にはみんなが集まる中庭を取り囲むように家が並んでいるのが分かります。それぞれの家は様々なデザインで、メキシカン調あり、コロニアル調あり、新築あり、何十年か経った古い家ありで、統一感は全くありません。

それもそのはず、十四戸の内、新築は四戸で後は曳き家だったり、もとからあった家を増築したりした家です。コモンハウスもあるにはありますが、古いタウンハウスの一階部分で、外階段をあがった二階には別の世帯が住んでいます。

ここのコウハウジングの特徴のひとつは、それま

バークレーコウハウジング敷地配置図

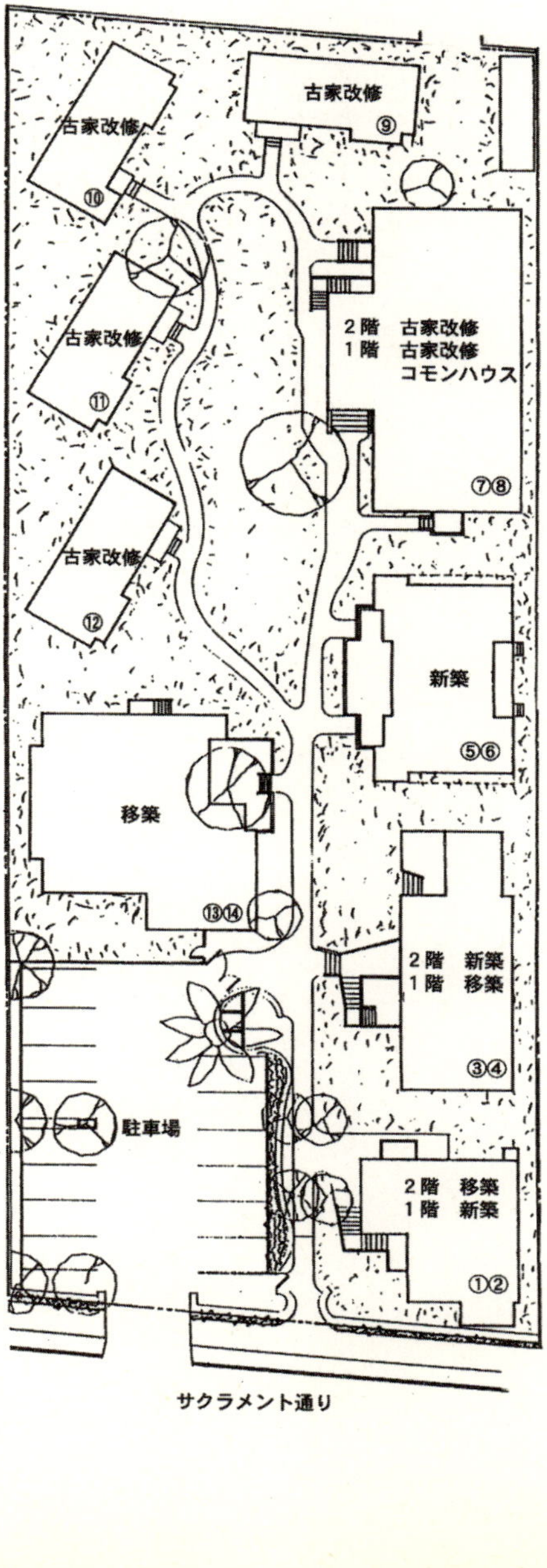

で見てきたきちんと整った形とは違い、コミュニティの名前も決まっていないし、食事のメニューすら、その時の当番によってその日に決めるというファジー（曖昧）なやり方で運営していること。こんなやり方なら日本でも無理なくできるのではないかと感じられ、私は何か好感が持てました。

全体の敷地面積は三〇〇〇㎡。一戸当たりの床面積は二〇〇㎡前後で、コモンハウスは百三〇㎡位でしょうか。決して広くはありません。

ドナ・ノムラの家は新築したタウンハウスの一軒で、玄関ポーチの隣には中庭に面した二軒共同の広いバルコニーがあります。

ドナには子どもがいませんが、隣には三人の子どもがいて、必要に応じて子どもと接することができるといいます。ドナの祖父母は九州久留米の出身で、また、ドナ自身人形をつくるアーティストということもあって日本の絣や、着物の生地を収集していました。内部も日本調の家具や、着物を着た人形やこけしが置いてありました。

五〇才を過ぎた感じのドナはコウハウジング社のスライドショーを見てコウハウジングを知ったそうです。年をとってからの住まいを考えた時、アメリカでは老人ホームは少なく、なかなか入れないし、入ろうとすれば沢山のお金を必要とします。安心して老後を暮らせるわけではありません。子どもがいないので、近くに子どもがいるのは好ましいし、誰かと一緒に料理をすることは楽しいし、またみんなに料理をふるまうのが好きだからコウハウジングに住みたいと思った、と話してくれました。暮らしに安心感があるとも言います。階段の幅を広くし、年をとってハンディキャップをもった時は階段リフトを取り付けられるように考えてあるそうです。

ドナの家を見せてもらった後、コモンハウスに案内してもらいました。まだ昼の十二時前だというのに、二人の女性が夕食の準備をしていました。コモンディナーは週三回、そして全ての大人は月二回、食事当番が回ってきます。

ドナの夫は会計士ですが、当番の時は仕事を休み、その代りに土曜日に出勤するとのこと。日本の企業戦士には考えられないことかもしれません。コモンディナーの当番の時の方が自宅でよりもよく働き、得意料理は茶碗蒸しだそうです。菜食主義者が六人

家のタイプは様々

ドナのバルコニー。隣と自由に行き来ができるつくり

いるので、子ども用、菜食主義者用と三種類つくります。コモンハウスはキッチン、ダイニングの他に暖炉のあるリビングと、子どもの遊びコーナー、洗濯室がありました。ダイニング、リビングの椅子はいろいろの所から集めて来た感じでひとつひとつ違っており、とてもユニークでした。

住人

このコウハウジングは、バークレー市が低所得者の入居を条件に長期融資の保証をしています。住人は一人住まいの女性高齢者と、シングルマザーが四組、他に九家族の計十四世帯です。年齢は六カ月の赤ちゃんから七六歳まで。大人二一人、子ども八人の合わせて二九人。高齢の方はコモンハウスの隣に往むよう配慮したそうです。シングルマザーはお互いにローテーションを組みながら仕事をし、子どもの面倒を見合っています。

プロジェクトの経緯

このコウハウジングのプロジェクトも、実現までの道のりはすんなりといったわけではなく、最初に話があったのは六年前。地主さんと一年以上にわたって交渉が続き長期化したため、最初のメンバーは離れていきました。

完成したのは一九九七年五月で、私たちが訪れたのは完成して四カ月程たった頃です。

所有は区分所有であり、共有部分は個々の家の広さに比例して持ち分が決まります。管理費は家のサイズに応じて二百ドルから三百ドルです。中庭の芝は自分たちで貼り、なるべく安く上げるようにしました。

資金は銀行からローンを借りて毎月返済しています。コモンディナーは一回三ドル程度で、家で食べる食事もそんなに費用をかけていないようです。私たちはカリフォルニア州立大学バークレー校の近くの道路で月何回か開かれる、ファーマーズ市場の買い物にもつき合いました。農薬を使っていない野菜や果物、ハーブのお店が何百メートルも続いていました。住人たちはそこで有機野菜を買うよう心がけているようです。

設計、推進はコウハウジング社が担当しましたが、住人組合がディベロッパーの役割を果たしました。

中庭の敷石は自分達で敷いた

移築した家のテラス

ここでは日本では壊してしまいそうな家屋を再生利用しているのにには感心しました。木造家屋の平均寿命が日本では二十五年、アメリカでは五十年というのがうなずけます。共有の場が特別広いわけではないのですが、なるべくお金をかけないで既存建物を利用するというこのコウハウジングにすっかり魅せられてしまいました。

ここの住人でコウハウジングジャーナルの編集長でもあるドンと話す機会がありました。「日本でコウハウジングはできそうですか」と聞かれたので、「いく人かの人は核となって頑張ってます。女性を中心にコウハウジングをつくりたいというグループもできつつありますが、男性は特に企業に勤めていれば、夕食の当番に早く帰るような状態にはなかなかなれません。まだまだ夜のつき合いもあるようです。」と答えると、「アメリカでも十年前は同じでした。」とのこと。

日本も仕事人間とは違った生き方をする人が増えつつある現在、住まい方も多様化の兆しが見えてきています。

ダイニングからキッチンを見る

6 自然発生型のコウハウジング Nストリート⑦

Nストリートはディベロッパーや建築家が関わっておらず、ある意味で自然発生的と言えるコウハウジングコミュニティであり、また、太陽熱を利用するなどエコロジカルな生活スタイルを目指しています。

見上げるような大きな街路樹が枝を広げている、緑豊かな住宅地の中にあるNストリートは、外からはただ普通の住宅が並んでいるようにしか見えません。しかし、一歩中に足を踏み入れると、そこには創意と工夫に富んだユニークなコミュニティがつくられています。

既存住宅でも、コウハウジングのコンセプトを取り入れて十分にコミュニティをつくりうることのモデルと言えるでしょう。

Nストリート全体図

スタート当初、アミを敷いた部分がコミュニティに参加した

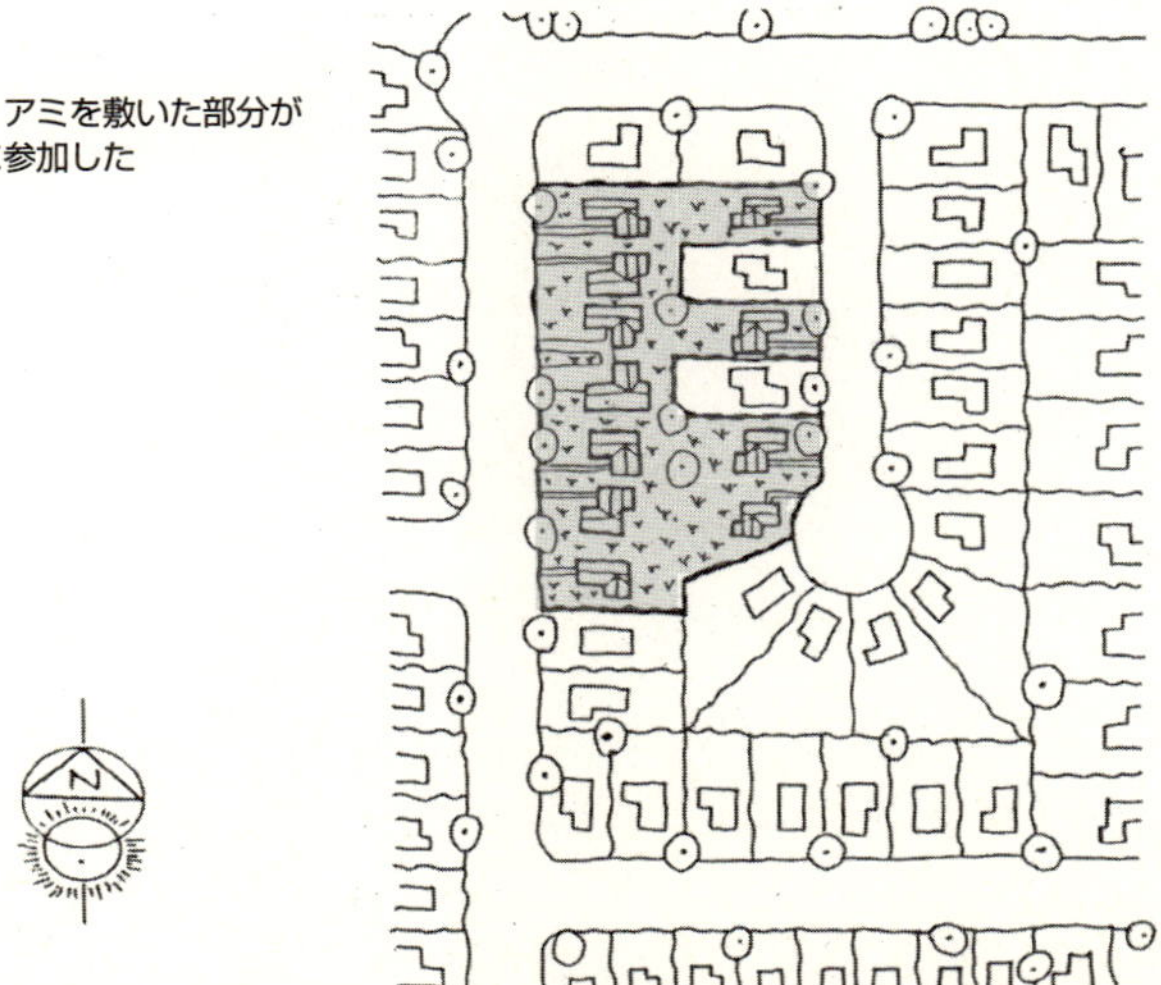

"Rebuilding Community in America" p.179 (8)

コミュニティができあがるまで

このユニークなコミュニティができた経緯を、住人の一人、ケヴィンが説明してくれました。

ケヴィンが学生として、今はコモンハウスになっている住宅を借りて住み始めたのは一九七九年のことでした。その四年後の八三年に持ち主から売りたいとの話があり、結局翌年に三万ドルで購入したそうです。

もともとそこは普通の一戸建てが立ち並んでいた場所だったのですが、パーマカルチャー(9)に関心を持っていた隣の住人と話し合ううちに、互いのフェンスを取り除き裏庭をつなげて行くことになったのが一九八六年のことでした。その後隣や裏の家、といったところに声をかけてゆき、一軒だけ途中で気が変わってしまい、真ん中で残っているものの、徐々に隣近所に仲間を増やし一二世帯にひろがりました（今では七四〇番の北側の敷地に新たに二戸が加わり、一三区画、一四戸に広がっています）。

その後、彼らもコウハウジング社が八八年に行ったプレゼンテーションに参加して、コウハウジングのコンセプトを導入することとなりました。ここの

敷地配置図

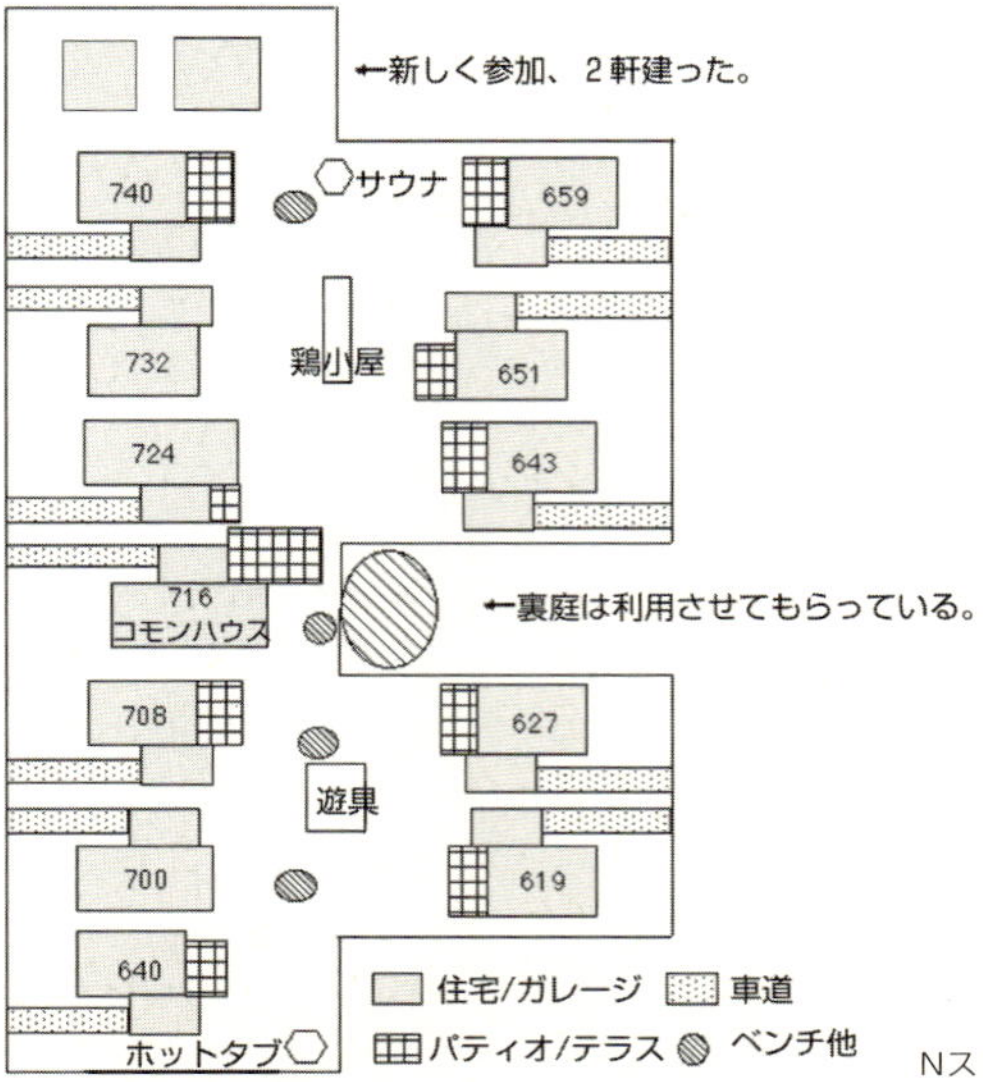

Nストリートホームページより作成

コミュニティでは参加者を増やしていく過程で、近所で家が売りに出たときにはコミュニティの趣旨に賛同してくれる買い手を自分たちで探して家主になってもらい、コミュニティでその家の管理（メンテナンスや税金の支払、借り手の募集など）を引き受けたり、また住人がその家を買い取ったりもしました。その結果、現在コミュニティで管理している貸家は三軒。ケビン自身も一軒のオーナーになっており、他の住人に貸しているとのことです。

共用の施設

まず共用施設としては、ケヴィンの最初の家だったコモンハウスは一階に大きな台所と食堂そしてコミュニティの住宅を管理するための事務所とをもち、二階は独身者用の貸部屋となっています。

コモンハウスは決して「きれい」というわけではありませんが、ここのコミュニティに住む人たちの雰囲気を映し出してか、リビングはいかにもごろごろできそうな居心地の良い「お茶の間」のような感じのするスペースとなっています。

その他には子どものための遊び場、コモンハウス

コモンハウス前、集会場所やアウトドアダイニングとして使われている

脇のアウトドアダイニング、庭園、ホットタブ、サウナ、子どものプレイルームといったアメニティの他、洗濯物干し場、堆肥置き場、ニワトリ飼育小屋など盛りだくさんです。

特に人気の施設はホットタブとサウナですが、こういった施設はほとんどすべて住人の共同作業による手づくりです。ベンチや子どものための遊具なども上手に廃品を利用しており、また訪れたときには、各家をつなぐ五五〇フィート（約一六五メートル）の小径に板石を組み合わせた敷石歩道が完成したばかりだったのですが、これも全員でつくったとのこと。彼らのＤＩＹの熱意と技術はかなりのものです。

住人

このＮストリートでは、住人は友人であり、ファミリーのように暮らしています。メンバーは大人三六人、子ども十七人の五三人で、他のコミュニティ同様、片親または両親家族、カップル、独身者などで構成されていますが、皆ハウスメイトがいます。

例えばＮストリート七〇八の家（コモン・ハウスの南隣）にはエンジニア、看護婦、大学院生が住ん

コモンリビングのごろごろできるスペース

（株）東急総合研究所提供

でいますが、ここは七人が協力して購入したもので、この家にコミュニティの洗濯場があります。

またコモンハウスの二階には、四人の独身男性が住んでいますが、彼らの中には将来的にこのコミュニティに入るかどうかの試行期間として住んでいる人もいるそうです。こういったことも大変実際的で融通のきくアイデアとしておもしろいものでしょう。

将来的にはこの貸部屋はオフィスと図書室にしたいそうですが、そうなってもこのようなトライアルの場は、きっと確保されることでしょう。

食事とコミュニティワーク

コモンハウスでの食事は当番制となっており、ほぼ一カ月に一度回ってきますが、参加者は大体二五人から三〇人程が集まります。食費は大人は一食あたり二ドル。やはり安価です。

また食事が用意されていない場合でも、持ち寄り（ポットラックというそうですが）で食事を楽しんでいます。塾通いの小学生が一人で夕食をかきこみ、母親は母親でやはりテレビを見ながら一人で、そし

作業風景。女性もレンガを積んでいた

て夜遅く家に戻った父親も一人で食事をとるといった「孤食」の風景が珍しくない私たちの食卓に比べ、とても豊かな気がしませんか。

料理当番以外のコミュニティワークとしては、一年に一カ月交代で一軒毎にニワトリの世話がまわってきます。またなんでも自分たちでつくっていくので、何か作業がある場合には「ワーク・パーティ」をして色々な共同作業を分担していきますが、「基本は自分ができることをしていくこと」だそうです。

コミュニティの評価

彼らはこのコミュニティについて、子どものいない家庭や片親の家庭などがサポートしあう新しいファミリー形態であり、コミューンとコンドミニアムの良いところをとったコミュニティと捉えています。また、他のコミュニティの住人と同じように、こういった住まい方について、プライバシーも確保できコミュニティの良さも享受できるものと評価しています。

さらにここのようなコミュニティのつくり方は、他のコウハウジングのように多額の頭金を用意しな

廃材を利用した子どもの遊び場

くてもコウハウジングを実現できる点がメリットだということですが、確かに塀を取り払いそれぞれの家をむだなく活用してゆくやり方は大いに参考になります。

コミュニティ内でのつき合いについては、結局、お互いに尊重しあうことが必要と結論づけていました。またコモンハウスにビデオ、テレビ、ピアノ、ステレオが置かれており、それらは問題なくみなでシェアしていますが、車社会のアメリカでは、車のシェアだけは試みたものの、難しくて止めてしまったそうです。

このようにエコロジストである彼らは、環境に配慮し、リサイクルやシェアすることで余分なものを買い込まない生活を心がけているようです。またみんなで一緒に食事をしたり時間を過ごすことは情緒面での意義もありますが、これも省エネに有効な生活といえましょう。狭い住宅にそれぞれたくさんの家電や品物を買い込み、余計に狭く暮らしている私たちの生活も少し見直した方が良いのではないでしょうか。

このNストリートは二〇〇一年以降、コモンハウスを増築し、まだ参加していない二区画を加えてゆこうと考えているようです。これからの成長が楽しみです。

コモンキッチン

右頁写真共（株）東急総合研究所提供

7 そして様々なかたち⑩

緑の中に住む　ピュージェットリッジ

一週間ぶりに雨が上がり、露に濡れた緑が陽光に光っています。ブラックベリーの実をつけた薮が森のあちこちに見られます。敷地の西の部分には湿地と池が残されて、あひるが飼われています。スティンが塗られた木目の美しい外装の二三戸の木造の家は、森や沼に囲まれてまるで山の中の隠れ家の雰囲気です。

しかし、ここピュージェットリッジコウハウジングは、シアトルの中心地からバスで三〇分の、比較的規模が大きくない住宅が立ち並ぶ住宅地の中にあるのです。道路から森の中の歩道を上がると丘の広場にでます。二～三戸の住宅がユニットになり歩道を中心にして並んでいます。歩道に沿った部分には

ピュージェットリッジ　コモンハウスの玄関前

トマトやルバーブ、チャーピルといったハーブや野菜が花と一緒に植えられ、木造住宅の外観を彩っています。

中心部にある教会のような大きめの木造の建物がコモンハウスです。二階建てで、二階にはキッチンと食堂、そしてリビングがあり、一階部分には子ども部屋やランドリー、プレイルームそして現在工事中のゲストルームなどが子どもたちの遊ぶ広場に面してつくられています。共同の施設としては、ガレージ、無農薬の菜園、鶏小屋そして、森や芝生が住宅を囲んでいます。

個々の家は小さく一〇〇～一五〇m²前後しかありません。近くの分譲住宅が二五〇～三〇〇m²ですから、日本の住宅規模と変わらないと考えてよいでしょう。

内装も木目を生かしたインテリアで居心地が良く、天井も高くありません。広場と反対側のベランダは家族だけで過ごしたいとき、一人で過ごしたい時にピッタリで、森の木々の枝越しに住宅地が遠く眺められます。

ピュージェットリッジ　小径に沿って住宅が並ぶ

住人がディベロッパーになって

このコウハウジングがつくられるきっかけとなったのは、やはりコウハウジング社のシアトルでのスライドショーでした。一九八九年メンバーの一人のポールが事業者の代表となり、自分たちで開発することにしたのです。

彼らは自分たちで敷地を探すと共に、ウエスト・シアトル市にコウハウジングについての情報を提供していました。そして、市の道路用資材置き場として利用されていた今の土地を見つけたのです。この土地はすでに市の住宅開発公社に売ることになっていました。まわりの環境からも、低価格で購入できる住宅の建設を進めていたのです。そして、残念ながら敷地は二エーカー（八千m^2）とコウハウジングを作るには少し狭い規模でした。しばらくして、隣接する地主から土地を手放したいという話があり、市が隣の土地を売るという確証がないままメンバーは共同でその〇・五エーカー（二千m^2）の土地を手にいれたのです。

市長や市の担当者はコウハウジングに大変興味を持っていました。低所得者向きの良好な住宅開発としての可能性を見つけたからです。そこで、一九九一年、メンバーがワシントン州の法律により税金が免除されるＮＰＯ組織を設立したことで、市との関係は前進し、共同で現地調査や、地元説明会を行うなどその事業を援助するようになったのです。

一九九二年、市は『低所得者向けコウハウジングのモデル事業を行う』という名目で土地を競売にかけることなく、グループに売り渡す決定を行いました。一九九三年、隣の土地を含む一ヘクタールの土地で工事が始まったのです。

結局グループができてから、建設が始まるまで四年が経過していました。住人が自分たちで開発の全てを行うことは、専門家が参加していたとしてもかなり大変なことです。しかし、費用の面では、自分たちで外構工事を行うなどしているので、土地代の約二億円（一ドル＝一一〇円）を含んでも総事業費用は約三億円ですみました。

エコロジカルなデザイン

ここの特徴は何といっても、自然を生かし、樹木を残した住宅配置とデザインでしょう。木目を生かしたサイディングの外壁はシンプルです。二～三戸のユニットは外観は質素ですが、ペアガラスと断熱材で性能はクリアしています。

以前からあった民家も、ペンキを剥がして同じスタイルに再生して利用しています。各家のポーチは資源の再利用という観点から、住人が自分たちで市の廃材置き場から拾ってきた材料でつくりました。敷地内の歩道のブロックは共同作業で敷いたものです。

コモンディナーで用いる野菜は敷地内の有機菜園で栽培されています。私が参加したディナーにはヘチマのように大きいズッキーニのバター炒めが出てきました。ゴミもきちんと七種類にも整理して保管されていました。こういった試みは個人ではなかなか難しいのですが、コウハウジングで皆でやることで、少しでもサステイナブル（持続可能）な生活に近づくことができるのです。

ピュージェットリッジの生活

コウハウジングの特徴として、週に何回か一緒に食事をしますが、当番が二人程度で二〇人～三〇人

ピュージェットリッジ　北側にある共同野菜畑

分の食事をつくります。決して強要されるものではないので、メニューによっては参加人数に変化があります。

また、入居者にはベジタリアンが多く、それも、本当に野菜だけという人から、トリや魚は良いという人まで様々なので、おかずを何種類か用意して、選んで食べてもらう形になります。

食事はしつけの場でもあるので、子ども達はけっこう神妙に食べています。母親の一人は、『月に一回だけ料理をつくれば、週に四回は栄養のバランスのとれた、きちんとした食事をつくってもらって食べられるのでありがたい』と言っています。

また、ここでは週に四回、放課後の学童保育をコモンハウスで行っていて、共働きの両親に代わり他の親たちやメンバーが面倒を見ます。子どもたちの野球チームでの活動や誕生日会のパーティー、映画会などのイベントもよく行うそうです。

このコウハウジングには、シカゴから越して来た親子三世代の二家族が住んでいます。しかし、住居は隣同志を選ばず、一番離れた位置の住宅に住んでいます。コモンディナーで「こんにちわ」などと、

シェアリングウッドの各個人の家

他の住人との関係とそう変わらずに付き合っている様子でした。離婚した娘の子どもを引き取って暮らす老夫婦にとっても、ここは孫と同年代の子どもや、手助けしてくれるご近所がいるために生活しやすいとのことです。

やはりここでも住人の共同管理の原則から、ワークデイ＝労働の日があり、菜園の管理や道路の清掃、屋根の塗り替えが住人の手で行われています。

「大変ですか？」と尋ねたところ「一人で自分の家をやるのと違って、皆でやると楽しいよ！」という返事が返ってきました。大きな家を売ってここに入居した人が多いのです。

ちなみに、一一四㎡の三ＬＤＫのタイプがコモンハウスの利用費も含めて一、八〇〇万円で売りに出されていました。

ハロウィーンの日、近所の小さな子ども達がお菓子をもらいにこのコウハウジングにやってきます。夜は治安のあまり良くないこの地区にあって、コウハウジングは夜に子ども達だけで出かけても安全な場所だということが近所の人達にも理解されているからです。

そして様々なかたち

私たちが九七年の北米コウハウジング会議に参加した時点で完成されていたアメリカ国内のコウハウジングの数は二四カ所あり、建設中のものを合わせると五〇カ所に及んでいました。『コウハウジングでは協同意識と、お互いの関係を大切にした生き方ができる。』これは一九九七年九月のニューヨークタイムズの記事の一節です。個人主義が徹底したアメリカでも、人と人との関係づくりが今見直されています。

クリントン大統領の「今こそ、開拓時代の村づくりに見習おう」という就任演説からも、このコウハウジングの個人とコミュニティのどちらも大切にする生活を、多くのアメリカ人が望んでいるのが分かるのです。

コウハウジング会議に参加していたグループはそれぞれ自分たちの展示コーナーをもち、様々なコウハウジングの形を提案していました。コウハウジングと呼ぶためのルールはありません。しかし、コウハウジングを広めるためのビデオ『近所付き合いのできる暮らし』の中でコウハウジングの特徴として以下の四つが上げられています。

一・居住者のプロジェクトへの参加
二・コミュニティ全体を計画する
三・住人の協同の施設を持つ
四・住人が自分たちで協同して管理を行う

また、北欧[11]と異なり、戸建てやテラスハウス方式のものがアメリカでは多く見られます。

私たちがシアトルで訪れた「シェアリングウッドコウハウジング」は他のものと異なり、いわゆる宅地分譲のコウハウジングでした。市街から車で四〇分の大きな森の中に、まるで別荘地のようなコウハウジングがあります。『森を保全しながら、開発する。』というコンセプトのもとに、一六区画の分譲地があり、一区画六千㎡程度の広さですが、一定の区画以外森を切らないことが購入条件になっています。建物は緩い規定がかけられてはいますが、デザイン・プランとも自由です。ただ、普通の団地と異なるのは、購入の際に、多世代が交じり合い、助け合うことができるように、同じ年代が固まらないように、また価値観が異ならないかのチェックが、すでに入居した人達により行われていることでしょう。

コモンハウスにはキッチンや食堂、子ども部屋などがあります。各家は広いのでコモンハウスは省スペースという意味合いよりも、つながりをもちながら暮らすという観点で利用されていました。

この他に、コロラド州デンバー近郊のラファエット市には、地元のディベロッパーが事業を手伝って行った一八ヘクタールの土地に四二戸のエネルギー効率を優先して建てたコウハウジングがあります。環境保全機関（ＥＰＡ）の補助金を利用してエネルギー効率が高い住宅を建設することができたのです。

この成功により地元のディベロッパーである「ワンダーランド社」は、現在デンバー近郊で八つのコウハウジングのコンセプトをもつ住宅地開発を行っています。

民間だけでなく州政府や市当局もコウハウジングに注目し始めています。地区の再開発などで、コウハウジングは地区の住人に安全な環境をもたらすことが実証されています。また、アフォーダブル（購入可能な）住宅として、個人の住居部分が少なくて

シェアリングウッド敷地配置図

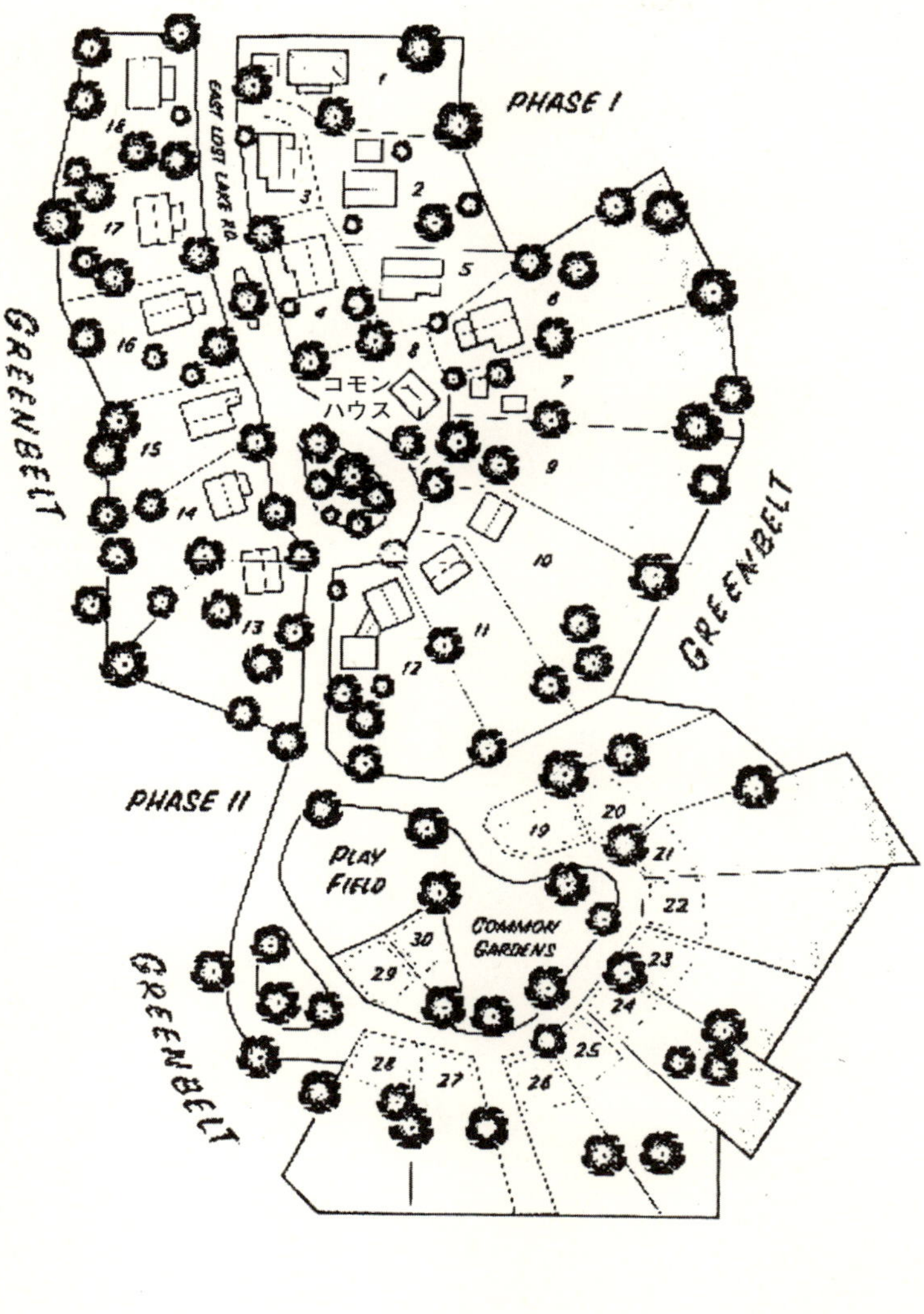

シェアリングウッドホームページより

すむ＝低価格という利点もあります。離婚の多いアメリカで、子どもを地域で助け合って育てることができ、高齢者も孤独ではないこの暮らしは、福祉という面でも価値があるといえましょう。

今、自分と自分の家族のための家づくりが限界に来ています。地域という関係を無視した、人とのつながりを切り捨てて来た住宅の中では、「引き籠もり」「家庭内暴力」「高齢者の自殺」など様々な事件が起きています。コウハウジングの暮らしは自分を人にさらけ出すことがある程度必要です。良い格好ばかりしては、一緒に暮らせないからです。かといって、家族のプライバシーを全部さらけ出す必要も無いのです。それにはお互いの距離を一定に保つルールが存在するからです。このルールは昔の村のルールとは異なりますが、全てを無視してしまう都会のルールではありません。本音で話し合う、裏で工作しない、など人間関係の基本的なルールを思い出してください。『煩わしくて面白い人間関係』それこそが生きている醍醐味であると思います。

コウハウジング会議での部会の議題にはこんなものもありました。「嫌いな人とどう付き合ったら良いか」「なるべく平等に作業を分担する方法」などです。つまり本音でこういった問題も話し合い、解決しようとしています。

どのコウハウジングにも「…しなければならない。」というルールがあり、住人はそれを守らなければなりません。しかし、協同とはそういうことです。

また、住んでいる人々にしても、皆が今までなかった人間関係を一気に取り戻すべく、積極的に人とつきあうタイプばかりではありません。しかし、人との付き合い方のノウハウは実際にやってみなければ身に付かないことは皆が理解できます。

グループで住宅づくりを行うことこそ、コウハウジングでの生活をより快適にし、楽しめる人間関係を得る方法だと思います。現在のように、入居した後でお隣がいやなタイプだったなどということはあり得ないからです。

次章ではこうしたコウハウジングのつくり方を、アメリカの例を参考に考えてみることにしましょう。

●二章注釈

(1) 40頁～46頁は「コウハウジング」第一六章、および「共生研究報告書」を参照。

(2) コウハウジング社が作成したテレビニュースのビデオクリップの中から、92年1月PBS放送「イノヴェーションズ」より

(3) 48頁～61頁は「コウハウジング」第一八章抄訳と現地取材。

(4) 62頁～70頁は「コウハウジング」第一七章抄訳と現地取材。

(5) 「コウハウジングジャーナル」（The Jounal of CoHousing networks）　96年春号P.7～13を参照。

(6) 市から補助を受け運営している財団（NPO）。低所得者向けの住宅を供給している。

(7) 87頁～93頁は「共生研究報告書」を参照。

(8) SLRC（Shared Living Resource Center)を主宰するケン・ノーウッド及びAICP、キャサリーン・スミスの著作、95年出版。

(9) パーマカルチャー：オーストラリアのビル・モリソンらが提唱し始めた永続的な農業の枠組み＝自給生産という考え方。そこを出発点に法的にも経済的にも環境と共生するための技法まで含んだ概念へと拡大している。

(10) 「コウハウジングジャーナル」96年春号、TCNのホームページおよび現地取材。

(11) デンマークでは戸建てやテラスハウス形式も多く見られる。

コウハウジング社のチャールズとキャサリン

■コウハウジングFAQ　その2

Q.誰が住む人を決めるのですか？

A.もし入居可能でコミュニティに参加を希望する人がいれば、自分自身がその暮らしに合うか合わないかを決めます。

Q.全員で食事をしなければならないのですか？

Aコモンディナーへの参加は自由。しょっちゅう参加する人もいれば、あまり参加しない人もいますが、それは基本的に個人の判断です。

Q.住宅はまた売却が可能ですか？

A.分譲形式であれば個人がそれぞれ売却をします。組合方式であればコミュニティが売却に関わります。ヨーロッパでもまたアメリカでもコウハウジングコミュニティの住宅は高く評価されます。それは、買い手はつくる手間なしにコミュニティからのいろいろな恩恵を受けられるからなのです。

Q.コウハウジングに参加するとずっと打合せに出なければならないのですか？

A.計画段階と入居してからの数ヶ月が過ぎればほとんどのコミュニティでは公式の会議は月に一回程度となります。計画段階で費やす時間は入居後の生活を便利にするための「時間の貯金」のようなものです。

Q.賃貸のコウハウジングはありますか？

A.賃貸のコウハウジングは一般的ではありません。ほとんどのコウハウジングではセカンド住戸を持っている余裕はないようです。とりわけ賃料収入があまり期待できないところでは…。いくつかのコミュニティで賃貸住戸を持っているところもありますが、それは後で入居する予定の住人や、一時不在の住人の家という場合です。しかし賃貸住戸があってもいいと考える住人は多いようです。

Q.他の住宅に比べてコウハウジング住宅は割安なのでしょうか？

A.この点に関してはそうともいえません。土地価格、建設費、コンサルタント料、融資条件などは他の新規開発と変わりません。住人が節約できるのは外構やいくつかの開発業務を行うこと位でしょう。しかし、デザインに凝ったりそれぞれの人の好みに合わせすぎたり、またその他の遅れや手戻りなどで別途出費がかさんだりすることもあります。 コウハウジング住宅は周辺地域の住宅と同等に評価できます。

「コウハウジング」p.283より抄訳

第三章　夢を現実に

1　コウハウジングをつくる方法（1）

この章では、実際に北米で展開されているコウハウジングをつくるプロセスを紹介します。

デンマークでは政府がコウハウジングを住宅問題の解決策としてとらえ、開発のプロセスを援助したのに対して、北米では民間のディベロッパーの果たす役割が大きくなっています。コウハウジング社は、それらディベロッパーのコンサルティングをし、建設を進めるコーディネーターの役割を担っています。日本の法制度や住宅融資の仕組みなどと異なる点はありますが、それ以外は日本でも応用が可能でしょう。

コウハウジングをつくるプロセスは、参加する人々を成長させ、それが建てられる地域を活性化させる、すばらしいプログラムです。そして、コウハウジングができてからの暮らしや人間関係をより良いものにするためには欠かすことのできない過程です。

コウハウジングのつくり方は各コミュニティでそれぞれ異なっています。まず土地があってそこを開発し、どうつくっていくかを考えるという場合もあれば、最初にコンセプトを皆で決め、それから敷地を探す場合もあります。敷地を探すことと、コンセプトを決めることが同時に進行する場合も多いのです。

以下に解説するコウハウジングのプロセスの概要では、北米でのプロセスに加えて、日本でならこうなるのでは、という部分も加筆してあります。

スタートする

入居予定者グループが形成されて、プロジェクトが始まるという方法が一般的ですが、アメリカではディベロッパーが入居者を募集するケースも見られます。最初に一般的な住人主導型のケースを紹介します。

まず始めは最初に集まった数家族がコウハウジン

グについての募集のチラシを新聞に入れたり、集会を開いたりして興味ある人を集めます。しかし人を集めすぎて挫折することもあります。

デンマークのあるグループでは百人以上の人々が最初の集会に参加しました。そのためコンセプトについて話し合うのに一年半もかかり、常に新顔の参加者がいて、決定を何度も覆されたり、問題が蒸し返されたりしました。そしてようやく敷地が決定したのは、半数以上の参加者がグループから離れていった後でした。

一方、小人数でもはっきりとしたコンセプトを持ち、計画的に行動を起こすことで上手に立ち上がることができた例もあります。それは、きちんとした資金計画を持つ五から六の家族が集まり、コンセプトをはっきり持ち、敷地が見つかった時です。コンセプトがしっかりしていれば、多くの人々が惹き付けられ集まってくるでしょう。

イメージの明確化

まず「自分たちはコウハウジングにどんなコンセプトを期待し、どんな形を望んでいるか」を話しあ

参加を呼びかける広告

「コウハウジングジャーナル」
1999年夏号より

デザインを皆でする → **建設する** → **入居**

デザインを皆でする

- ◆デザインの概要を皆で決める
- ◆デザインを皆で決定する
- ◆基本プランを作成する（建築確認を申請する）
- ◆融資を確実にする
- ◆実施設計図面と仕様書を完成させる
- ◆建築確認許可を受ける
- ◆工事見積りと入札を行う
- ◆建設会社を選ぶ
- ◆工事の請負契約をし、スケジュールを決める
- ◆ローンを結ぶ

建設する

- ◆建設会社の仕事を入居予定者がチェックする
- ◆ローンの担保を確保する（北米の場合）
- ◆住人が自分たちで建築の一部の仕事を行う
- ◆自主管理ルールを決める

入居

完成

↑ 会計士など専門家による助言

コンサルタント

工事費用の総額＋コンサルタント料＋設計料

コウハウジングの参会のプロセス

コウハウジングを広める

◆ワークショップを行い、人々の関心がどこにあるかを知る

◆人が興味をもつ提案を見つける

◆興味ある人を組織する

スタートする

◆参加者をつのり入居者グループを組織する
　A．入居予定者が仲間を集める
　B．ディベロッパーが参加者を募集する

◆ガイダンスとトレーニングのワークショップ
　①皆で夢を語る
　（アイデンティティを作る）
　②夢を分かち合う
　（お互いの思いを知り合う）
　③ゴールまでのプログラムを知る
　④合意する方法を学ぶ

◆入居者グループ内での仕事の分担を決める

◆グループ内で開発についての勉強を行う

開発する

◆ゴールをはっきりさせ、優先させる事柄を決める

◆コンサルタント（建築家、弁護士など）を選ぶ

◆可能性のある敷地を確保する

◆開発許可の準備を行い、自治体や近隣との話し合いを行う

◆融資の方法を選択する

◆入居予定者の建設組合への契約やその他の契約を行う

◆敷地を確保する

◆参加のデザインのプログラムをつくる

◆スケジュールを作成する

建築家・弁護士・

コウハウジング

ワークショップ参加費用

準備金４千ドル～２万ドル（活動費用　残金は工事費へ）

コウハウジング開発プロセスの概要

■スタートする前に

日本ではまだコウハウジングそのものが知られていないため、開発プロセスの前に次のようなことが必要でしょう。

①コウハウジングを多くの人に知ってもらう。
②ワークショップを行い、人々の関心がどこにあるのかを知る。
③提案に興味を持つ人を見つける。
④興味を持った人を組織する。

■スタートする

人が興味を持つプロポーザルをインターネットやミニコミ紙に載せ、人を集める。

①参加者をつのり、入居者グループを組織する。
　・入居予定者が仲間を集める。
　・ディベロッパーが参加者を募集する。
②入居者グループ内での役割を決める。
③グループ内では開発についての勉強を行う。
★ガイダンスとトレーニングのワークショップ

■土地探しから取得まで

①自分達の夢を語り合い、どのようなコウハウジングにしたいか、コンセプトを話し合う。
②コンサルタント（建築家、弁護士など）を選ぶ。
③土地を探す。
④開発許可の準備を行い、自治体や近隣との話し合いを行う。
⑤資金やローンの方法等を検討する（頭金の出資）。
⑥皆で全体の構想をつくる。
⑦コウハウザーによる建設組合の設立。
⑧敷地を確保する。
⑨スケジュールを作成する。

■全体デザインを皆で決定する

①配置計画
②各戸のデザイン
③建築確認を申請する。
④融資の申し込みをする。
⑤実施設計図面と仕様書を完成させる。
⑥建築確認許可を受ける。
⑦工事見積もりと入札を行う。
⑧建設会社を選ぶ。
⑨工事請負契約をし、スケジュールを決める。
⑩ローンを組む。

■建設

①建設会社の仕事を入居予定者がチェックする。
②ローンの担保を確保する。（北米の場合）
③住人が自分たちで建築作業の一部を行うこともある。
④自主管理についての取り決めを決める。

■入居

います。

これはけっこう難しい質問です。なぜなら、はっきりした意見を持っている人は少ないからです。コモンディナーを経験したことのない人に「週に何回みんなで食事をしたいか?」がわかるでしょうか。

それらの不確実な部分を含みながらも、このグループでの「第一の目的」「コモンで何を行いたいか」そして「どのくらいのお金が用意できるか」をお互いに明らかにします。

全体戸数を決める

キャサリンとチャールズによれば、個人の好み、立地、そしてどんな暮しがしたいのかによって全体戸数は決まると言います。

全体で何戸が良いのかということがよく議論されますが、一戸の住宅に何人住むのかも、全体構成に大きな影響を及ぼします。アメリカではどういう家族が住むのかによって全体の戸数は決るといいます。例えば二〇戸で八〇％の家に大人が二人いるとすると、三二人になり、食事の当番は一か月に二回ですみますが、大人が少ないと大変です。そこで以下の議論では二人以上の大人のいる世帯が少なくとも全体の五〇％以上あると仮定して進めます。

デンマークでは六世帯という小さなコウハウジングもありますが、コウハウジング社の調査によれば、デンマークでのベストサイズは一八戸～二五戸の間であるという入居者の意見が多くありました。

規模が大きくなると雰囲気や運営面で事務的になりやすい傾向があるそうです。小規模の場合は住人同士、お互い良く知っていて大きな家族のように暮らせますが、しかし、コモンの活動を行うのが大変になり、また、コモン施設に各自が多額の投資をしなければなりません。そして、多様性も望めず、お互いに適応する努力が必要となります。

一方、大きな規模のコウハウジング（三〇戸以上）だと「お互いに知り合うのは不可能です。」と住人は答えます。現在ニューヨーク州のイサカ市で計画中の五〇〇戸のコウハウジング開発、「エコビレッジ」では二五戸ずつに分けてコモンを共有するという計画を立てています。グループが大きくなりすぎるとダイニングルームは体育館のようになり、居心地が悪く、食事への参加が減るからです。

このように規模が大きい開発の場合は、親しみがわく小さいグループに分けることで、大きくなると失うコミュニティの親近感を保つことができます。規模が大きくなり、親近感を持てないならば、共同して働く喜びは、義務となり、コウハウジングの内と外との違いがなくなり、管理もきついものになってしまうでしょう。

では、丁度良い大きさとはどのくらいなのでしょうか。

デンマークのコウハウジングの住人の一人は「三三世帯がちょうど良い」と言っています。「なぜなら一ヶ月にたった一回料理をすれば良いからです。」と。このコウハウジングには大人が六一人いて毎晩二人一組で料理をつくっています。そこで一ヶ月に一回ということになるのです。

一三〜三四戸の大きさのコウハウジングでは、全ての人と知りあうことができ、気を使わずにすむちょうど良い大きさです。また、共同施設を持つことができ、そして直接民主主義（話し合い）で管理運営ができる大きさでもあるのです。

各自が自分のスケジュールの中に無理なく自分た

ワークショップの風景

ワークショップで敷地計画を決めていく

「コウハウジング」p.211

小さなグループに分かれて意見を出し合う

「コウハウジング」p.253

ちのコウハウジングのために働く日を設定できます。

そして、皆で何かを決定しようとして、意見がまとまらなかった場合でも、もう一度話し合いのチャンスを持つことが可能です。

「どこに住みたいか」立地を考える

土地が決まっていないプロジェクトの場合「どこに住みたいか」という立地の選定は重要なことです。都会が良いのか、田舎か。便利な場所が良いのか、緑に囲まれたところが良いのか。サンフランシスコ中心部に近いドイルストリートが何故一二世帯規模なのかを考えると、規模と立地の関係がよく理解できると思います。

ディベロッパーが参加者を集める場合、敷地が決まっている場合が多く、それに対応して戸数も決まってきます。ただ、普通の入居者募集と異なるのは、ディベロッパーが行う「コンセプトづくり」の決定を居住予定者と共にワーキングなどで行っていくことです。また、開発のどの部分で「参加のデザイン」を取り入れるかも入居者と決めていきます。

この部分に参加のシステムが取り入れられないと、入居予定者はプロジェクトに対して思い入れができず、簡単に参加を止めてしまったりするのです。

居住者グループ内の役割を決める

住人が参加するからといって、果てしない会議や決定の先延ばしばかり起きるといった事態は避けるべきです。ビジネスの場で通常行われるように、効率の良い組織を構成して、仕事の手順を早めに決めておくことです。

方法としては、居住予定者が全員参加することが条件の全体会と、コーディネートグループ、そしてワーキンググループなどを組織し、仕事を分担することが効率的です。

そしてこの時点で本当の居住予定者を単なる参加者から切り離すことが必要です。というのも意見を言うのが楽しいだけで責任をとらないというタイプの人がいるからです。そこで、最初の資金集めを行い、本当に入居をしたい人だけにしぼるのです。アメリカの場合、一人八百～二千ドル程度を支払います。この資金は活動資金に当てられます。

居住予定者はかならずどこかのワーキンググループに参加します。コーディネートグループと他のワーキンググループの内容については、他のメンバーに委任します。ワーキンググループの構成は図「全体会議の構成」のようになります。ただし、これはコーディネートグループが必要と感じたものをつくれば良いのです。

まず、最初に役割を決めるための全体会議を開きます。メンバーは自分がどういう夢を持っていてどういう技術を持ち、どんな役割を希望するかを発表します。そしてどのワーキンググループに参加するかについても希望をはっきりさせるのです。

全体会議の進め方

会の構成は様々ですが、二、三人が話し合いを支配するのではなく、全ての人が発言のチャンスを持つようなシステムを工夫することが大切です。

ワシントン州シアトル市のウィンズロウのグループの場合、全体会では四色のカラーカードを使って平等な会議運営を行う工夫をしました。このカラーカードの利用は一二人以上の会議に有効です。例え

全体会議の構成

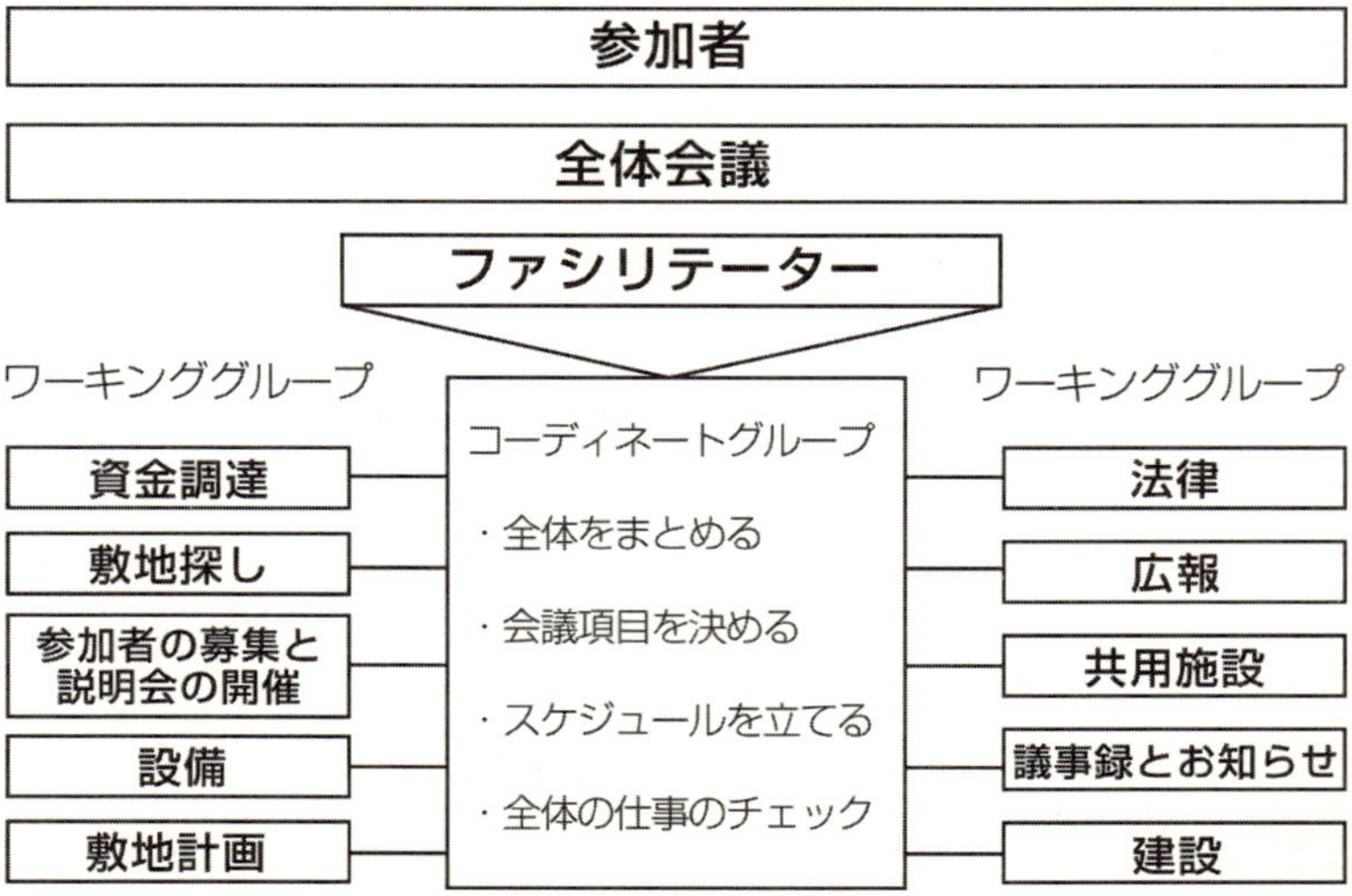

「コウハウジング」p.162

ば「黄色」のカードを上げると、それは「質問をしたい、よく意味が解らない」という意味です。「緑」は黄色で出された質問の答えを出したり、手助けしたりする場合に挙げます。「赤」はもっと討議を続けたいというカード、「青」は全員に理解してもらうために前向きな意見を言いたいという提案カードです。

この方法はまた、全員の発言を促すだけではなく、自分の発言をある程度整理し、感情のままに発言することを抑える効果もあると思われます。

この他にも平等に会議を運営する手法は様々なものが開発されています。

全体会ではファシリテーターと呼ばれる進行役が会議の運営を進めます。この役目は全員で順番に行うか、コーディネートグループの人が順番で行います。

全体会議を長い会議にしないために、各ワーキンググループは小さなグループでよく話し合い、全体会議への提案を煮詰めておくことです。

そして決定を下す手順も注意深く考える必要があります。住宅の配置のような大きなものから、コンセントの位置まで何十という決定をしなければならないからです。

全てを全員で決めるのは無理があります。そこで各ワーキンググループが専門家の助言の下に決定できるようなシステムをつくります。コモン施設についてなどの重要な部分は全員の同意を原則とします。そして、それらの決定は早い時期に行わないと先へは進めません。さしせまった場合は投票になりますが、その前に全員の意見をお互いに聞いておくことです。

ガイダンスとトレーニングのワークショップ

このようなプロセスは民主主義の基本的な技術ですが、今までの経験から日本でこうした話し合いを維持するのは大変なことです。それは日本人に話し合いの能力が無いということではなく、「平らな（平等な）関係」で話し合いを行い、物事を決定していくことに慣れていないからです。職場では地位で話し合いの流れがきまります。地位が上の人ほど発言回数が多く、根回しは当然のことで、儀式的な会議が行われているのが現状です。そこで、平らな関係で話し合いをきちんと行うためには、ある程度参加者がトレーニングをする必要がありそうです。

そこで、話し合いの前に「基本的なルール」と「何故トレーニングが必要か」について説明を行います。これが『ガイダンス』です。

ガイダンスの中でしっかりと『意見の評価と人格の評価』は異なることを説明します。

ファシリテーショングラフィック(2)という会議方法は意見の評価と人格の評価がゴチャゴチャにならない良い方法なのでガイダンスや話し合いで取り入れると良いでしょう。

そして、これから行うトレーニングについての説明もおこないます。

北米でも皆がきちんと自分の意見を言える人ばかりではありません。平等に意見を述べ合うためのノウハウを共に学ぶことが、プロセスの第一歩となります。

トレーニング

基礎的なトレーニングのいくつかを紹介しましょう。

トレーニングに入る前に

平等に話し合う雰囲気をつくりましょう。人はその人の服装で人を判断しやすいものです。ですからこの会合に参加する時は背広姿での参加は避けましょう。できたらTシャツで！ 不思議と雰囲気がリラックスします。そしてトレーニングに入ります。

トレーニング

・人の話を聞き、理解するトレーニング

他己紹介をしましょう。まず、二人一組となり、お互いに自己紹介を行い、次に二人一組が二組集まり、さっき聞いた相手の自己紹介の内容をお互いに新しい組に知らせる、というものです。

これがうまくいけば、次は四人一組になったグループで残りのグループの特徴について話し合い、グループ名をつけます。そのあと全員の前でグループ名を発表し、代表一人が「なぜその名前になったか」「どういう人がこのメンバーなのか」を説明します。

これは聞いた話をまとめ、他の人に伝えることのトレーニングになります。そしてワークショップを進める上で基本となる、お互いを知り合うことのできます。

このような簡単なトレーニングをまず初めにやってみましょう。

日本人に多いタイプですが、自分の意見をうまく説明できない、また発言することに慣れていないという人がいます。

そういう人たちにはまず、個別にカードに意見を書いてもらい、後でそれについて説明してもらいます。そうすると自分でも意見の整理がつき、後はすんなりと話し合いに参加することができるでしょう。

ここではほんの一部の紹介にとどめますが、トレーニングにはこの他様々な手法が開発されています。これらのトレーニングを参加者が行い、結果を共有する積み重ねの中から、プロジェクトを平らに実行する方法を会得することができると思います。

コンサルタントはこう言っています。

「人は自分の意見を十分に聞いてもらった後でなら、たやすく同意をするものだ」と…。

ゲーム感覚でコウハウジングができあがるまでのプロセスを学ぶ

2　ディベロップメント（開発）

開発プランの準備

このプロセスはいわゆる「開発行為を行う」と呼ばれるものより広い意味をさしています。

開発のプランをつくる場合には、立地、資金計画、そしてコウハウジングをつくる目的をなるべく具体的にするべきです。そして、コモン施設などは、その面積だけでなく、どのような施設を持つのか、そして、そのコストの上限を明確にします。

プランの準備は建築家やコンサルタントのような専門家も含めた全てのメンバーが学び、考える最初のステップと捉えましょう。居住予定者は自分たちがどのように設計に関わってゆくかということや、開発のプロセスを理解する必要があります。一方、コンサルタントは住人が何を望んでいるかを理解す

図表を使って話し合いを進める

「コウハウジング」p.203

る必要があります。

そのため居住者グループ全体でお互いに期待することを明確にします。というのも、一緒に資金を出し合いコウハウジグをつくって行くためには、「信頼感」は特に重要だからです。プロジェクトに相応しい敷地を手に入れる前に、開発全体計画、資金の調達方法、法律上の問題点について情報を集め、徹底的に検討するのです。敷地を購入してしまった後だと、利息が毎日増え、きちんと考えることに集中できなくなります。そして居住者グループメンバー全員がはっきりと理解しやすいよう、完成した開発プランは書類にして各自が持ちます。

コンセプトの明確化と施設と設備の優先順位

開発プランを準備する中で、このコウハウジングの建設のコンセプトについて定義しなければなりません。たとえば、ドイルストリートの例では、「都市での安らぎとコミュニティの再生」でした。次に施設や設備の優先順位を決めます。

各建設グループとも、自分たちが欲しいと思う施設や設備の全てを手にいれる余裕はほとんどありません。開発の初期段階で優先順位を決めることは、設計する時に大きな手助けになります。

コンサルタント

プロのコンサルタントは事業を進行させるために必要な人々です。建築家、都市計画の専門家といったコンサルタントは、最初のプランニングの概要からスケジュール全体を見通すことができます。

また、地元の土地や開発のコスト、資金の調達方法などに精通しています。

コウハウジングのコンサルタントは一般のコンサルタントが行わない仕事をします。それは、現地調査で敷地を体感したり、皆で行う設計のためのワークショップを行ったりすることです。

コンサルタントはグループが決定することについて、強い意見を言ってはなりません。これを行うと主導権争いが起きたり、グループから追い出されたりする事件に発展します。住人グループの中にいる専門家がコンサルタントの役割を担う場合もあります。これは、一方ではコストを下げるかもしれませんが、個人の立場と専門家の立場は矛盾することもあり、注意深く考えなければなりません。
もっともうまくコンサルタントを活用する方法としては、大きな課題は住人グループが決め、数え切れない技術的な決定は外部のコンサルタントに委任することです。
全ての決定にグループが介入することは、時間がかかり、コンサルタントを雇うよりもっとコストがかかってしまいます。
一般的に住人は最初のプランニングの段階までは非常にエネルギッシュに働きますが、プロセスが進行すると細かい部分になるのでコンサルタントに委任しています。

開発の進め方

開発されたものを見るといくつかのタイプに分けることができます。

a住人主導型

例…シアトル「ウィンズロウ」

「ピュージェットリッジ」

…マサチューセッツ州「パイオニアバレー」

b住人とディベロッパーの共同事業

コモンハウスの部屋の広さを体験している参加者たち

「コウハウジング」p.211

例…コロラド州「ナイランド」
…カリフォルニア州「サウスサイドパーク」

住人グループの代行として、外部に対する責任の所在をはっきりさせ、銀行からの融資をスムーズにするため、ディベロッパーとの共同事業は有効です。ナイランドの場合、コロラド州の「ワンダーランドヒル開発㈱」に開発代行として全コストの五％を払う代わりに、不慮の事故にもプロジェクトの終了まで全体事業費の五〇％の保証をつけることができました。この共同事業で必要なことは、ディベロッパーは仕事の内容について住人が理解できるような報告を行い、住人はグループで行った意思の決定をディベロッパー側にきちんと伝えることです。

cディベロッパーとコンサルタントの共同事業

例…カリフォルニア州「ドイルストリート」
…コロラド州「アスペン」

このパターンは土地探しや、開発のプロセスが短くてすみます。ドイルストリートの場合、倉庫の持ち主が事業を行い、コウハウジング社が入居者の募集や建築設計などの仕事を行っています。コロラド州アスペンの場合、コウハウジング社の広報活動で

小屋を建てるワークショップ

あるスライドショーに、市の建設局の担当者が参加し、持っていた土地の可能性を見い出したのです。この場合、参加者は資金を最初から集めなくても良いという利点があります。もちろん、デザインのプロセスに住人の参加があり、開発の方法については住人に任されました。

d ディベロッパー主導型

例…カリフォルニア州「ミュアコモンズ」

ディベロッパーが土地を見つけ、その可能性やリスクを全て負い、住人は住戸の配置とかコモン施設とか重要な部分のみ参加して決めた、というパターンです。例えば、ミュアコモンズでは、「ウエストデイビス開発」の四四ヘクタールにのぼる大規模開発の一部として組み込まれました。しかし、住人は性急に募集され、事業プロセスに参加したため、一部の人は重要な決定に参加できず、不満が残ったようです。

e 住人とディベロッパーの平行事業

例…カナダビクトリア州　カーディフプレイス

ここはグループが結成されてから完成までわずか九ヶ月ですみました。それはグループが希望していた立地で建設がすでに始まっていた集合住宅を少し変更してコウハウジングにしたからです。ディベロッパーはすでに四階建ての二棟の建物からなる集合住宅の一棟の建設を終わっていました。しかし、買い手が全てにつくという保証は何処にもありませんでした。そこでグループと話し合った結果、低層部分をコモン施設に変更して一七世帯のコウハウジングの共同事業として行うことになったのです。

このように北米では様々なタイプの事業が行われています。全ての事業に言えることは、「自分たちのコウハウジングを含む、その地域全体の環境づくり」という視点を持って事業を行っていることです。自治体との事前打ち合わせや、近隣の事前説明会で、地城にとって良い環境をもたらすなら自治体や近隣からも受入れられ、協力を得やすいからです。

具体化のプログラムをつくる

次のプロセスでは、計画を具体化するにはどうしたら良いかをスケジュールにした「プログラム」をつくります。住人にはこの「プログラム」の中で、プランを判断する基準や、住人の要望を形にするためにはどんなことを行い、どのようなプランになるかという説明をします。

「プランニング」を行うことがどういうことなのかを、ここで住人は学ぶことになります。建築家はプランニングの重要なポイントや、その判断基準、インスピレーションをプランニングに生かすことなどの方法論を住人に示し、手助けします。プログラムの全体の主な機能や特徴は住人グループが決めます。そして、プランニングの方針とその判断基準をはっきりさせます。例えばウインド・ソング・コウハウジングのプランニングの方針は次のようになっています。

・シンプルに
・サステイナビリティ（持続可能なシステム）
・人と人との良い関係をつくる
・基本性能を充実させる

プログラムで最初に行うことは「欲しいものリスト」の作成です。「コウハウジングでどんな生活がしたいか」について住人が共通認識をもつための話し合いを行い、各自の「欲しいものリスト」を最初に決めたプランニングの方針に沿って絞り込んでいくのです。

・自分たちのコウハウジングで何を実現したいのか
・コモン施設に何が欲しいか
・自分の住宅に何が欲しいか

などを決めて行きます。この作業の中で建築家はどのようなプランニングにすればこれらの欲求を解決できるかを考えるでしょう。

共同でつくっていくための組織
日本の場合でのチェック

グループが事業の手続きを行う前に、法律上どんな責任をそれぞれが負うかについて、真剣に考えなければなりません。日本では会社組織ではないグループが共同でなにか事業を行う時、さまざまなハードルがあります。また、そういったグループの権利を守る法律もありません。

そこで、自主協定という形で、お互いの信頼関係の上で、グループの目的や概略、決定の手続きの方法、会員の募集要項、会員資格、会費や受けられるコンサルタントのサービス内容について取り決めます。住人が建設組合を結成するのは、専門家を雇ったり、融資を受けたりするために必要です。法律的には事業は住人グループが組織する建設組合が行うという形になります。建設が終わった後に、各自が所有権を持つことになります。

法人格のあるNPOを取得するのも社会的地位を高めます。

また、アメリカではコミュニティの管理運営のために法律的に「H・O・A」＝「ホームオーナーズアソシエイション」という組織をつくる必要があり、コウハウジングでもH・O・Aがつくられます。この組織は、マンションの管理組合と似ていますが、それより幅広く住人の親睦や環境づくりといった面にも力が入れられています。

日本でも似たような組織が横浜市泉区の団地でつくられています。

また、通常のH・O・Aは自分たちで管理を行うというより管理会社へ委託するのが普通ですが、コウハウジングの場合、自主管理が基本となっています。

3 プランニングへの参加

　建築デザインは敷地が見つかり、プログラムが完成した後に本腰を入れて始めます。デザインはそれぞれの段階で細かく行っていきます。

　まず、図で提案し、確認をしながら細かい部分まで進んでいきます。この過程は全て住人と専門家の共同作業で行われます。

　先に住人だけで考えたものを専門家に示すという形で行うと、ありきたりの施主と専門家という関係になり、より良いデザインが生まれない、ということが分かっています。そこでプランニングへの参加が行われるわけです。

　これには様々な方法があります。アンケート調査や模型による説明、現地を体験する調査、紙を使った間取りゲームなどといったものです。これらの方法を使うことで住人はプランによって住み心地や雰囲気が変わる事を体感し、専門家はプランの骨組みを提案するための参考とします（プランニングに参加する方法についてはヘンリー・サノフの「デザインゲーム」や世田谷区まちづくりセンターの「参加のデザイン道具箱」がたいへん参考になります(3)）。

　このプランニングに参加する方法でもっとも大切なことは、専門家と住人の結び付きです。専門家はプランニングを行う中でその目的を説明することができるデザイン能力を持つこと、そして、住人たちがそれに基づいて決定することが、仕事を進める上での必須条件です。

　すなわち、コウハウジングのプランニングを行う専門家は、住人の考えたデザインを描くだけという人は向きません。

　専門家は住人と話し合い、何故こういうデザインにしたいかを説明し、住人もその提案について話し合い、意見を述べます。専門家は、住人の示すデザインの利点と不都合な点を指摘し、より良い解決方法の提案をします。

　住人は何故そうなるのかを理解するまで専門家に

実際に作ってみるワークショップ

現場での説明会

「コウハウジング」p.218

徹底的に質問し続けましょう。

　こうしたキャッチボールのようなデザインの過程を経て、一つ一つが決められます。

　個人の住宅のプランが全体にどのくらい影響を与えるかをまず始めに明らかにします。内部の仕上げや、キッチンの造作のようなものを標準化すると建築コストは安くなります。まずこの点を理解してもらうことです。

　しかし、このようなことを理解したとしても、住人はしばしば標準的な仕様にすることを嫌がります。そうして出来上がった結果から言うと、「やはり、もう一度つくるなら標準化したデザインにすれば良かった。」と言います。

　個人の好みを押し出した仕上げは「住人が選んでつくったもの」なのに標準化されたものより良くないことがあるからです。住人は技術的なことや美的感覚の必要な決定は専門家に任せたほうが良いでしょう。一般的に、それぞれの趣味の問題を全ての人が歩み寄って決定するのは難題で、時間がかかります。また、経験を積んだ専門家が考えたものより良い出来栄えになることはほとんどありません。

4
建設

住人の仕事

工事の着工は住人グループにとってわくわくする時です。何ヶ月ものプランニングや長い会議の結論がついに現実のものになるのです。

しかし、これはグループのメンバーが休めるという意味ではありません。この最終段階でゴタゴタした複雑なことがらが最終的な建設費に上乗せされます。コストやデザインの決定の多くは済んでいますが、細かい点を煮詰める必要があります。

特にこれ以降は工事の進行状況を遅らせないように、早めに決定を行わなければなりません。この決定はおおむね「建設ワーキンググループ」のメンバーに委任され、建設業者や専門家と毎日のように連絡を取り合います。住人全体会議の時間を持てない

「棟上げ」のセレモニー

「コウハウジング」p.226

時、彼らが素早い判断を行う必要があるのです。

この段階でも、キッチンのカウンターを変えたいとかドアをつけたいといった各住戸への変更の申出を受けるという間違いを犯すグループがいます。着工以前に細かいところまできちんと決めておかないからです。

着工以後に変更を行うと、予想できない追加料金を取られます。全体会議や、建設工程をチェックするコーディネートグループの賛成がなければ、変更を認めるべきではありません。たとえ、罵られたとしてもです。

また、建設の順序についてアドバイスするとしたら、理想的にはコモンハウスを最初に仕上げることです。集まったり、食べたりと自宅ができるまで利用できる場所があるということは貴重です。最初からコモンハウスが決められた機能を果たすことで、新しい暮らしにすんなりと入り込むことができるからです。

しかし、実際には資金不足などで最初に建設できず、後で自分たちでつくった例（シェアリングウッド、ニュービュー）もあります。

自分たちでつくる

多くのコウハウジング事業では住人は外構工事などを自分たちで行うことがあります。

「ピュージェットリッジ」ではポーチの部分と歩道、外構の植栽を自分たちで行いました。「シェアリングウッド」ではコモンハウスを自分たちで建てました。住人が自分たちでつくる理由は、少しでもコストを下げるためです。また、住人たちが建設を行うことは自分たちの計画を実行に移すことでもあります。みんなで一緒に働くことで、住人同士の技術や経験の共有や精神的な助け合いが可能になります。

方法としては、チームを組み、チームAはフローリング、チームBは壁貼りというように専門的に行うことで技術に熟練していくようにするのです。

しかし、自分たちで行うことには限界があります。片親だったり、高齢だったりする人々が参加するのは難しいでしょう。「自分たちでつくる」ことを上手に建設に組み入れるためには、住人にどのくらい仕事ができるか、経験があるかなどを十分に考慮して準備し、どのくらいの時間、作業が可能かを判断して行うべきでしょう。

5 プロセスに参加するということ

開発のプロセスは一歩一歩着実に進行するというわけではありません。というより、譲り合い、歩み寄ることが必要なプロセスです。つまり、プロセスは事業が行われる場所により決まります。プロセスは事業の事業方法やその地域の行政の姿勢、その他によって決まるのです。

ここでは、事業のポイントについて、これまでの経験を踏まえて助言したいと思います。

スケジュールを守ること

事業をきちんと行うには、いつ、どんなことを決定するかのタイミングをスケジュールに入れ込んで、早めに決めておくことです。グループにとっては困難なことですが、スケジュールが変わることで発生する影響を考えれば、スケジュールに執着すべきです。

もし、住人たちが決めたスケジュール通りに行われれば、事業は捗り、事業プロセスの段階で辞めて行くメンバーは少なくなるでしょう。スケジュールを守るということはやり直しを避けることも意味します。決定がそれぞれの段階で成されれば、次の段階へ移れるのです。全ての人がその時賛成して解決していれば、古い問題を蒸し返すことはなくなります。

新しいメンバーをいれるタイミング

新しいメンバーをいれると、グループはその人に影響されます。プランニングの途中などでは新しいメンバーを参加させない方が良いでしょう。理想的には開発を始める前や、プランニングの前に入ってもらうべきです。ただし、現実的には全ての住戸が満室になるまで、いつでも新メンバーを受け入れていることが多いようです。

敷地の購入の前とか、区切りの良いときには、新聞、チラシ、口コミで新しいメンバーを募集するキャンペーンを行いましょう。そして、新しく入ったメンバーには、すでに決定された事項や今話し合っている事項について理解できるような資料を用意し、グループが現在に至った経緯を知ってもらうことが大切です。

メンバーが辞める

メンバーが途中で去っていってしまうことは避けられません。仕事が変わったり、家族の事情が変化したり、長いプロセスで疲れてしまったり、コウハウジングに住む決心ができなかった人々です。一方で計画に時間をかけたグループでは、完成までに辞めていったのはほんの数家族でした。

しかし、計画段階で参加者が少ないからといって不成功というわけでもありません。コウハウジングに住むために献身的に働く住人の熱意の大きさでプロジェクトが動くからです。

コンサルタントに必要な能力

コウハウジングでは、コンサルタントは一般的な建築設計の技術ではないコンサルタント能力を要求されます。それは、素人のグループと一緒に仕事をする能力、決定を手助けする能力、技術的な問題を素人にも理解できるように説明する能力、そして間違った選択をした時にも相談に乗れる能力です。

コミュニティを形成するプロセス

コウハウジングの開発プロセスは、多くの人にとっては難しいものかもしれません。人々は続けざまに多くの判断を求められます。理解するのに時間がかかるにもかかわらず、短時間で決定しなければならないことには大抵の人は慣れていません。そして、決定する時は大きなリスクも負わなければならないのです。

このような困難なプロセスですが、実はコウハウジングはこのプロセスを住人が一緒に経験することで、コミュニティが形成されていくのです。

「ミーティングを行うことで私たちはお互いの強い面や弱い面を理解し合い、寛容さを育むことができました。このプロセスなしには今のコウハウジングの生活でのお互いの結びつきを持てなかったでしょう。」

コウハウジングのプロセスは、一市民でも住宅開発ができるということを証明する画期的な開発方式です。今までの住宅開発は、大企業などが、土地を開発し、客を集め、住宅を売るというものでしたが、それとはまるで異なる開発の方法がここにあります。

この方法は、アメリカ開拓の時代、荒れ地に家を建て、村をつくり、コミュニティをつくり上げたことと似ています。ここでは、売るための住まい・まちづくりではなく、住むための住まい・まちづくりが行われます。また、プロセスに参加することで、人々の人間関係を育むことができます。

コミュニティづくりが人間関係づくりだとしたら、コウハウジングはコミュニティをつくる素晴らしい方法の一つだと思います。

九七年北米コウハウジング会議で、「コウハウジングは市民が地域をつくるムーブメントである」ということが言われていました。

まさに「コウハウジングは自ら地域をつくり上げる」もう一つの住民運動です。

●三章注釈

(1)「コウハウジング」第13章の抄訳および以下の文献を参照

・「The Cohousing Handbook」by Chris Hansen Hertiy&Marks Publishers.

・「参加のデザイン道具箱」世田谷まちづくりセンター（財）世田谷区都市整備公社

・「コウハウジングジャーナル」95年夏号

(2) ファシリテイション・グラフィック：会場の前面に大きな白い紙を貼り、ファシリテーターと呼ばれる進行役が話し合いの内容を同時進行で記録しながら会議運営を進める方法

(3) 前出「参加のデザイン道具箱」

第四章　デザインを考える

1 アメリカに学ぶ

この章では、コウハウジングがうまく機能するために必要な設計上の考え方や工夫について見ていきます。

コウハウジングをつくるためのミーティングやワークショップに参加しているうちに、参加者たちの間にコミュニティの感覚が育ってゆきます。

個人のプライバシーを守るように設計された通常の分譲マンションや一戸建の開発では、隣近所の人と出会う仕掛けがあったり、子どもが安全に遊ぶ場所があるというプランにはめったにお目にかかりません。その結果多くの分譲マンションの住人はお互いについて知っていることはほとんどありません。そして子どもが「立ち入り禁止」の場所で遊んでしまい、住人同士の衝突がしばしば起こります。

小さい庭や共有の外部空間を見渡すことができる心地良い場所でなら、近隣の人と自然な出会いができるでしょう。

住む場所の設計がいかに人々の精神的満足度に影響するか、という多くの調査結果があります。それらを踏まえ、コウハウジングをデザインするにあたっては、「敷地プラン」、「コモンハウス」、「個人の家」、について特別に検討する必要があります。

コウハウジングは一見、プライバシーを守ることよりも、人とのつき合いを活発にすることに重きを置いているようですが、それはコウハウジング社の調査によって、特別の配慮をしなくてもプライバシーは十分に保つことができることが分かっているからです。

概して建築家は、他の居住者と出会う機会をつくるよりも、個人のプライバシーを守ることを優先する傾向にあります。しかし何百人ものコウハウジングにコウハウジング社がインタビューした結果でも、プライバシーが欠けると文句を言う人はなく、逆に多くの人はつき合いを妨げる設計を指摘します。

このような点から見て、プランを考える場合には、住人が他の人と過ごしたいときと、一人で過ごしたいとき、どちらの場合にも適合するように計画することが望ましいでしょう。

コウハウジングはコミュニティへの特別の配慮を必要とします。なぜなら住人はコミュニティへのこだわりをもっていて、普通の隣近所同士よりお互いのことをよく知っているからです。

一般的に、住人はコミュニティへの配慮が設計に影響するなどとは考えません。しかし近所づき合いの成果を上げるために、コウハウジングの設計時には特に考慮する必要があります。コウハウジングの住人はつくるプロセスに参加することでこれらのことが身にしみて分かるでしょう。

同様に建築家には、メンバーを励ますことや彼等のアイデアを絵にするなど、分かりやすく伝える手伝いをしたり、必要な資料を用意したり、といったことまで含まれ、幅広い役割が要求されます。

2 敷地プラン

コウハウジングには、様々な住宅のタイプがあります。一戸建て、低層集合住宅、中庭を囲む集合住宅、使われなくなった工場や学校を再利用したものや、高層住宅もあります。理論的にはどんな家の形もコウハウジングとして成り立ちます。

デンマークのコウハウジングの場合は一階〜三階建てのタウンハウスで、ぶどうの房のような形のクラスター状だったり、中くらいの密度の低層の住宅が多くなっています。このタイプの建物は、一戸建ての家や高層住宅に比べいくつかの点ですぐれています。一戸建てと比較した場合、土地やエネルギーや材料を経済的に利用でき、クラスター状の建物では共有スペースが確保しやすいといえます。

一方、高層住宅は、より密度は高く、オープンス

クラスター状の敷地プランの例

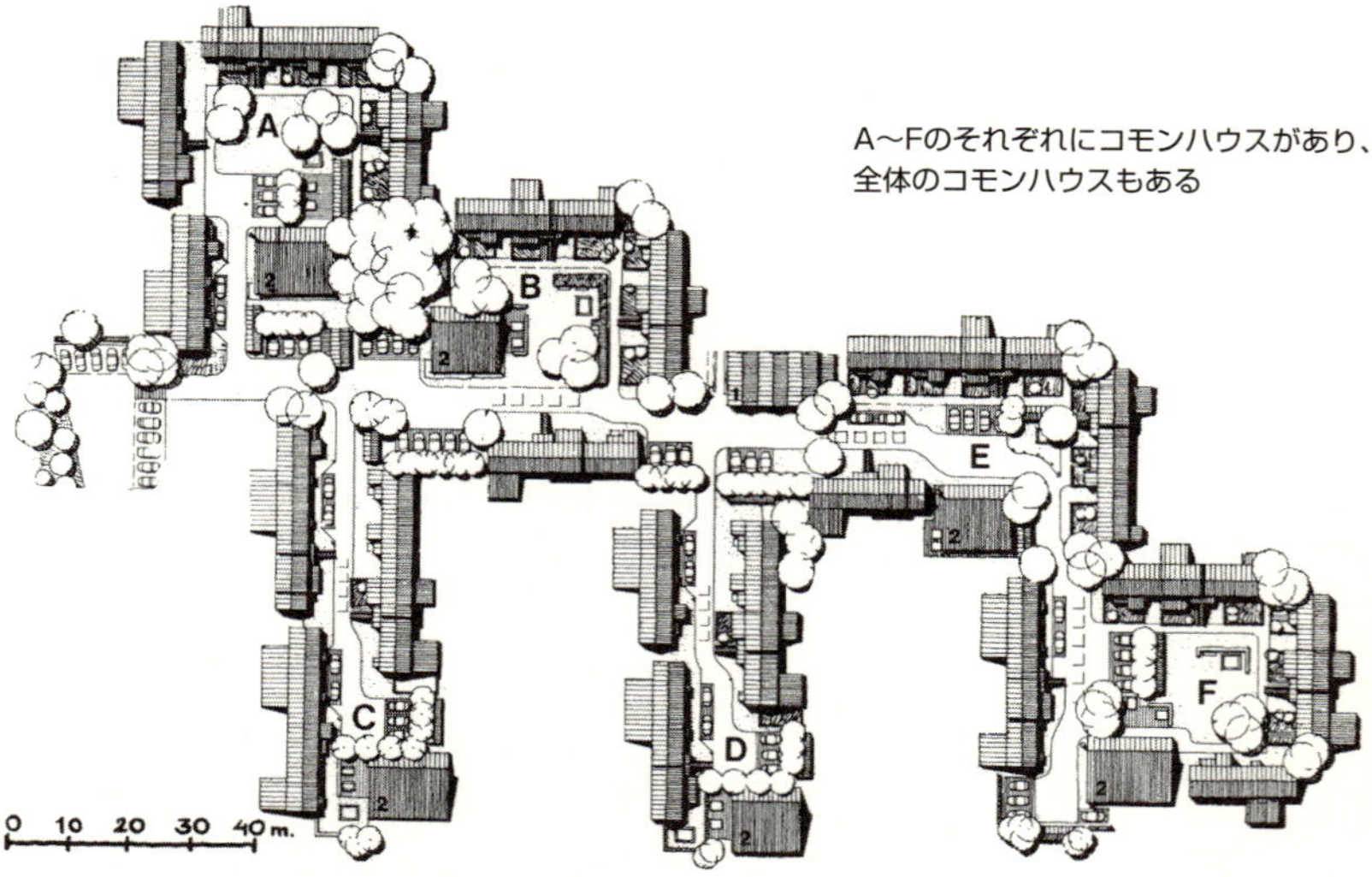

A〜Fのそれぞれにコモンハウスがあり、
全体のコモンハウスもある

設計：ヴァンクンステン設計事務所1970

「コウハウジング」p.142

ペースがとれますが、小さい子どものいる世帯からは敬遠されやすく、また三階や四階より上に住むと知り合いになる機会が少なくなります。

田舎や郊外は、住宅開発と農地との取り合いが問題になりやすいのですが、そのような地域でもクラスター状の住宅はオープンスペースを保つことができます。また一戸建の快適さを沢山持ち合わせています。例えばプライベートの庭に直接出られたり、それぞれの住居に玄関ポーチがあったりします。その上、家をグループにまとめることによって、より広いオープンスペースを生み、遊び場や広場をつくることができます。プライバシーとコミュニティの両方が確保できるため、コウハウジングコミュニティではクラスター状のプランに人気があります。

特にコウハウジングでは建物と建物の間の空間のとり方が建物それ自身と同じくらい大切で、生活の質を左右します。これらの空間はベンチに腰掛けたり、歩行者が行き来したり自然に出会ったり、遊ぶ場所として、庭として、またお喋りする場所として使うことができます。

全体をどのように使うか、建物をどこに建てるか、

簡単に外に出られるため戸外もよく利用される

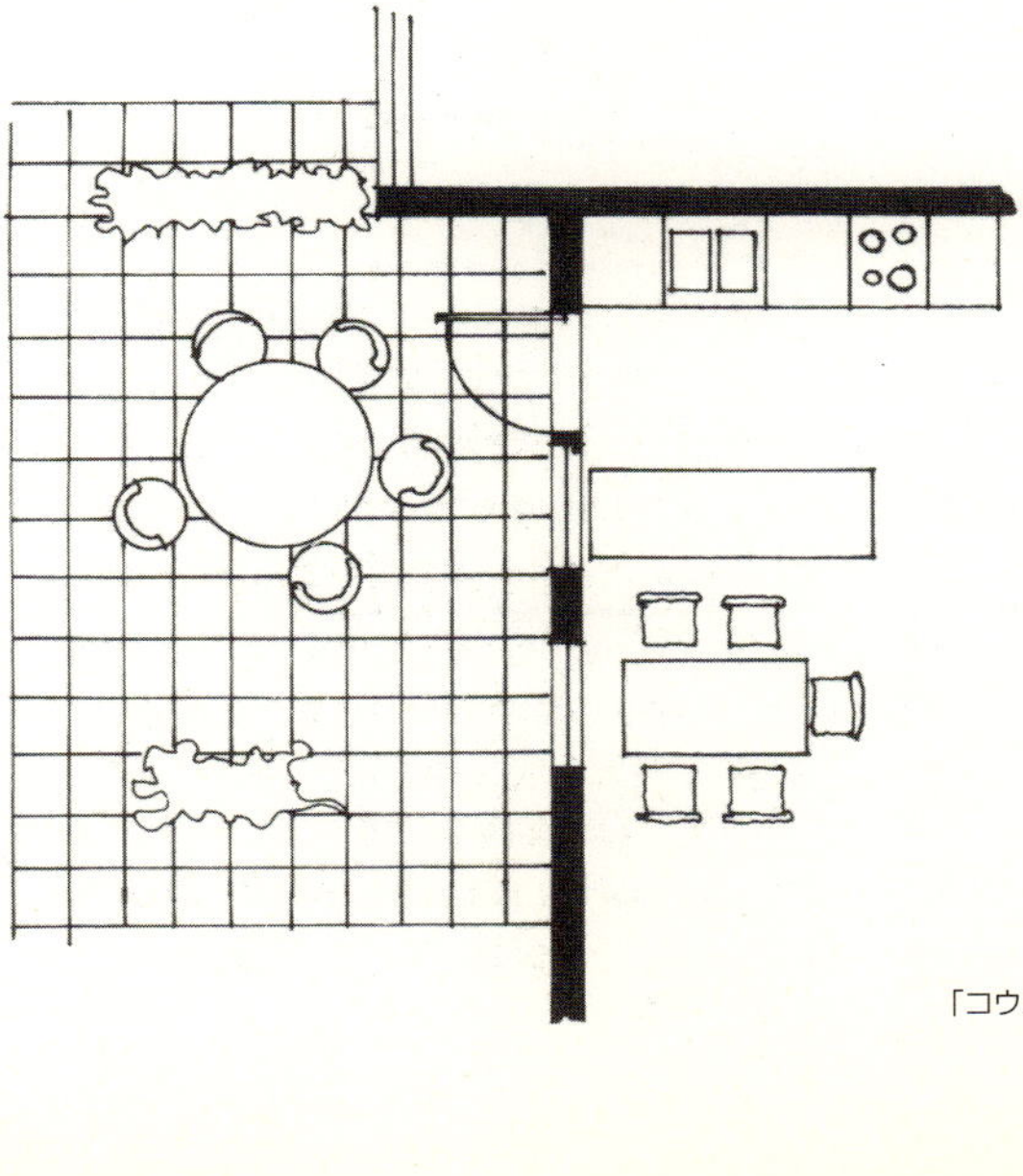

「コウハウジング」p.179

そしてお互いにどのような位置関係にするのかといった敷地プランはこういった活動が十分に機能するかどうかを大きく決定づけます。

低層のコウハウジングの敷地プランは一般的に四つに分類できます。

a歩道に沿った住居

b一つまたはいくつかの中庭を囲んだ住居

c通りと中庭の両方を組み合わせたもの

d一つの建物

こういったプランの中から、それぞれのグループは目的や敷地や周囲の背景によって選択することになります。

車が通らない小径

車のアクセスやパーキングの位置はどの敷地のプランにも大きな影響を与えます。そしてプランニングで最初に考える事項です。

建築家ヤン・G・ホイヤーは一九六四年以来コウハウジングの仕事をしていますが、彼は家のタイプには関係なく、住人がデザインに参加すると、必ず駐車場は敷地の端になることに気付いています。車

敷地プランの4つの分類

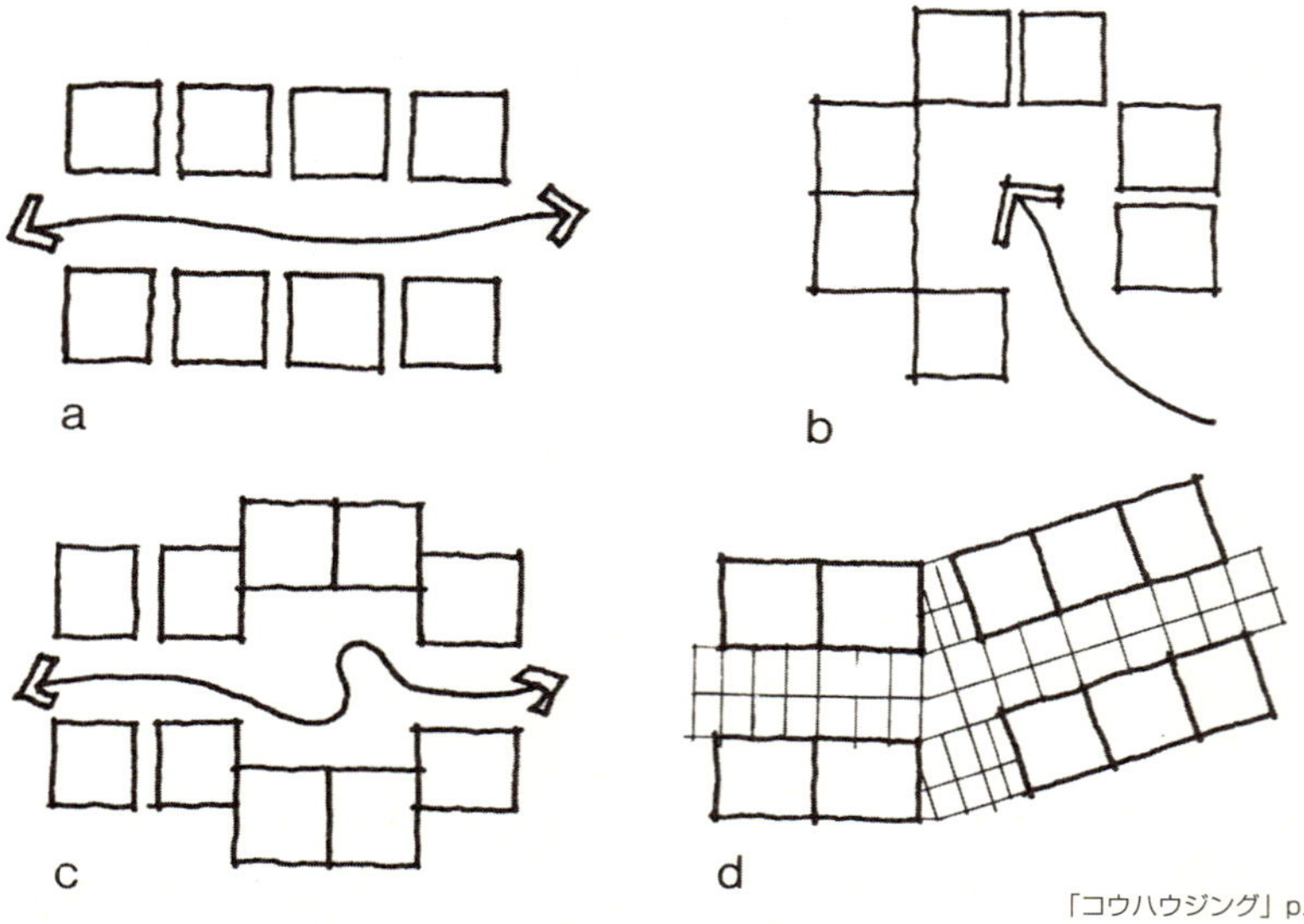

「コウハウジング」p.175

の通らない小径や庭は小さい子どもが自由に遊ぶことができ、全ての人がリラックスできる場を提供します。

住人は時には食料品や雑貨を配達したり、身体の不自由な人を降ろしたり、家具を運ぶのに家まで運転したいと思うこともあるでしょうが、いつでも家の前まで車でいきたいとは思わないようです。ある住人は身振り手ぶりをまじえ、小径を歩きながら大声で話してくれました。

「ここには子どもが住んでるし、みんなよく外で腰掛けて過ごすことも多いんですよ。だから、車は敷地の端にあるパーキングに置いてあります。敷地の一番大切なところを車が占領する理由はないし、そうすべきじゃないと思います。」

住人が車のない環境を選んだ最初の理由は子どもの安全です。しかし、実はパーキングエリアにいく途中の出会いは、住人同士のつき合いを促す重要な役目を果たします。

住人たちは出勤時にパーキングで出会い、車の相乗りをして通勤し、また家に帰る途中の何気ないお喋りを通して仲間意識が芽生えます。パーキングを中央に集めるか、分散させるかは敷地や規模やコミュニティが優先する事柄によって決まります。舗装ブロックか砂利を敷き、所々に木が植えてあるパーキングは魅力的です。そこはほとんどの車が出ていってしまった後、子ども達が自転車を乗り回したり、ボール遊びをする楽しい場所になります。

住人が何台の車を持つかは、その立地や公共交通機関を使えるかどうかによって決まります。多くのコウハウジングは車の相乗りや共有をしており、個人が車を持つニーズは少なくなります。たまにしか使わない二台目の車であれば、他の家族と共有することは簡単です。このようなことから、コウハウジングでは車の保有台数は平均すると一世帯あたり一台より少なくなっています。

歩道の構成

歩道は建物を配置するにあたって大きな要素です。小さな町のメインストリートのように、歩道が敷地の中央に設けられたり、また古い市街にみられる広場のような中庭に集まるように配されることもあるでしょう。

個人の家から、パーキングエリアやコミュニティの出入口に通じる道は、隣人と顔を合わす機会を増やすため、小径が広場に向かって集まる方がよいでしょう。またそうすることで家の裏側のプライバシーを保つこともできます。このような小径があるプランや中庭を囲んだプランは、住人たちの自然な出会いを促すことでしょう。

コモンハウスの配置

コモンハウスがどこにあるかは、利用頻度に大きく影響します。コモンハウスがコミュニティ生活にとって必要不可欠なものになるためには、毎日必ず通る場所であることが必要です。コモンハウスの設置場所として三つの相反する要求があります。

①住人が毎日各住戸にいく途中にある。

②コモンハウスがそれぞれの家の中から、または家を出れば見える。

③コモンハウスがすべての住居から等距離にある。

この中では一番目が最も大切です。毎日通る場所であれば、家に帰る途中でコモンハウスを通り過ぎながら、そこで何が起きているか見ることができます。また子どもがいるか覗く人がいたり、夕食の献立を見たり、掲示板を眺める人もいます。このようにコモンハウスが帰り道沿いにあれば、自然にそこを覗くのが住人の日課となります。

同様に、もし住人が自分の家からコモンハウスやそのテラスを見ることができれば、集まりや行事にもっと参加しやすいでしょう。ある住人は、コモンハウスの「金曜日の夜のバー」で語り合う相手がいるかどうか見るためにオペラグラスを使う、と話してくれました。

子どもが伸び伸びできる環境

コウハウジングの目的の一つは、沢山の遊ぶ機会があり相互に影響しあう「子どもが伸び伸びできる環境」をデザインすることです。

コウハウジングの子ども達は他の子どもより伸び伸びと遊べます。それは彼等の遊び仲間は近所に住んでいるし、近所の人も良く知っているからです。外部空間をよく使うのは子ども達なので、いろいろな外遊びができるようにして、喧嘩になって外で遊びたくなってしまうことがないようデザインします。

敷地の片隅に車を置くのに加えて、子どものための敷地プランは遊び場を中央に配置しますが、それは小さい子ども達の様子が家から見えるようにするためです。また敷地の周りの果樹園や林や池は、大きい子どもにとって探検したりゲームをする場所です。こうした敷地プランの例としては、シアトルの近くのウィンズロウやピュージェットリッジなどがあげられます。

また様々な遊び場となる地面の仕上げは重要です。固い表面は自転車に乗ったり、ボール遊びに向く一方、芝生は寝転がったり座ったりするのに適します。子どもは、芝生より固い表面の場所で遊ぶことが多いようです。そのため広い歩道や中庭は固い表面の部分を多くしておけば問題ないでしょう。特に小径や中庭やパーキングエリアは固い表面にするため、砂利を薄く敷きます。これは費用が安く済む上に多くの遊びに適しているからです。

子どもは本来じっとしていられず、ほとんどの時間をメイン道路沿いにうろついているものです。これらの遊び場となる場所は、子ども達の声が近くの

中庭が良い遊び場に　カリフォルニア州サクラメントにあるサウスサイドパークの中庭

(株)東急総合研究所提供

家に響かないようデザインされるべきです。子どもの活動と大人の要求は矛盾することも多いのですが、それらは設計の段階で、いかに子どもが敷地を使うかを考えることで解決できるでしょう。

空間の『境界』

プライベートとコモン、そして公の領域の間の『境界』への配慮は特に重要です。この境界は住人達が動きやすいかどうかやコミュニティの中と周辺住人との関係を決めてしまいます。

プライベートの寝室からみんなの広場、そしてオープンな場所まで、空間には階級があります。プライベートの住居からセミプライベートの玄関ポーチ、テラス、コミュニティ広場、公の領域という具合にです。それぞれの場所から場所への『境界』は、コミュニティ生活や人々の結び付きを促します。

もしこれらの『境界』がうまくデザインされなければ、つながりは失敗し、一群の住宅をコミュニティとして発展させるのは難しくなってしまいます。これらのうちの一つでも手抜かりがあれば、そのスペース固有の使い方があいまいになり、人々の行動を抑えるようになります。

これらのつながりや境界は物理的に示すべきであり、表面の仕上げの変化や段差によって境界をつけることができます。

プライベートからコモンに

コウハウジングでは他の住宅団地と比べ、敷地の境界をはっきりさせることは、ほとんど必要としません。そして個々の家とコミュニティのエリアのつながりも他の住宅団地より緩やかです。

家の玄関ドアは公の道路に向くのではなく、友達と共有するコモンエリアに向いています。このような『境界』空間は自然発生的な出会いを促し、コミュニティをサポートすることができます。

一般的にキッチンやダイニングは一番家族が『生活する』部屋です。この部屋を「通路」に面して配置すると、家事をしながらでもコモンエリアが目に入ります。台所とコモンエリアをつなぐドアや窓から、外で遊んでいる子どもを見守ったり、通り過ぎる人に大声で呼びかけたりできます。

また、コモンエリアがいつも見えるところにあることは、家の中にいても戸外にいても、他の住人の活動に加わりたいと思う時に参加できるということです。

ある住人はこう言います。

「他の人たちがコモンエリアでお茶を飲んでるのが目に入るから、一緒にお茶を飲もうって思ってしまうのよ。」

特に意識しなくても、コモンエリアを何気なく見ることができることは、安全面からも非常に効果的です。隣同士「お互いに注意すること」で怪しい人に気付くことができます。

住居からセミプライベートの庭に直接出られることで、戸外の利用が増えます。簡単に飛び出せるので、みんな一日のうち何度も出たり入ったりします。このコモンエリアとの境は特にコウハウジングの重要な要素です。内と外との出入りをしやすくするために、デザインにあたって、廊下や余分のドア、そして段差を避けるべきです。

「ソフトエッジ」とは、個人の住宅の玄関とコモンエリアの中間区域です。そこは自然におしゃべりする機会が増える場所です。都市デザイナー、ヤン・ゲールは「建物の外の公的な側にありながら、その

空間の境界の例

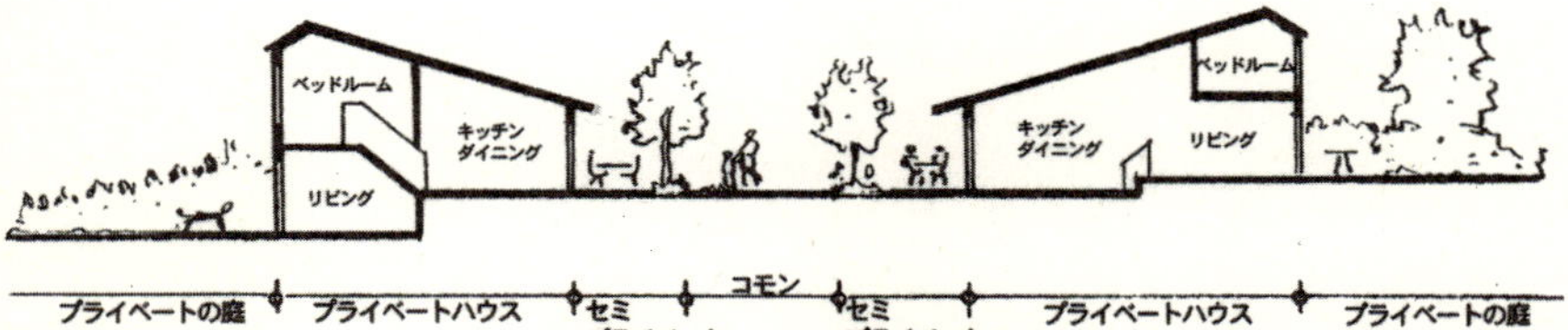

「コウハウジング」p.179

建物と直につながっていて、心地良く過ごせる場所」を表現するのに『ソフトエッジ』という新しい用語をつくりました。

夏の夕方何時間も座って過ごす玄関ポーチのように、このセミプライベートの領域は簡単に出られて、居心地がよく、何時間でもぼうーっと外を眺めていられるところです。ここに住人はテーブルと椅子を並べたり、または小さい庭に植物を植えるかもしれません。植物や低いフェンスあるいは舗装を変えることで歩道と区切りますが、こういったスペースは広い必要はなく、その幅は二・四メートル（日本では一・八メートル）もあれば十分です。

これは日本でも下町などで見られる、路地に縁台を持ち出して夕涼みをしたり、鉢物を置いて楽しんだり、道行く人に声をかけたりかけられたり、といった光景を思い描いてもらえれば十分理解できると思います。

プライベートの外部空間は、普通家の裏手にありますが、ここでもフェンスや生け垣のような柵はほとんど必要としないことが分かっています。いったん隣近所の人と知り合いになれば、フェンスで領域を明らかにする必要はないのです。プライバシーは木を植えることで保てます。住人がフェンスが欲しいなと思う場所には、木を植えれば良いのです。

コモンエリア内での境界

コモンエリアには、数家族で使う広場から全体で使うコミュニティ広場まで、様々な空間があるといいでしょう。また極めてプライベートな空間からみんなで集まる空間までの動線に注意を払うことによって、コミュニティライフを活発にすることができます。

一章で紹介したデンマークのトルドスルンドでは、歩道に沿って五〜八軒でピクニックテーブルを共有し、そこで隣り近所の人達がお茶を飲んだりしていました。また二本の通りのそれぞれに砂場があり、家の台所の窓から子どもたちが遊んでいるのが見えるので、両親は家事をしたり近所の人とくつろぐことができます（25頁参照）。

そんな場所は子どもと大人の両方にとっておしゃべりの場所になります。ピクニックテーブルや遊び場から見えるコモンハウスや中庭には、みんな天気の良い午後にはよく集まってきます。このように集まりやすい場所があれば、みんながコモンエリアに出てくるようになるので、コミュニティ全体が活発になり、隣の人たちと親しくなるのに一番自然な形です。立ち止まったり休憩する場所は使い勝手の一番いい場所にすべきです。ベンチやテーブル以外にも、低い壁や階段もまた腰掛けるのに具合のいいものです。

同様に、もっと多くの人が集まる広い広場も必要です。コモンハウスのすぐ前にある広場は、コミュニティの玄関ポーチとしての役目を果たします。理想的には、家にいく途中コミュニティ広場を通り過ぎながら、他の人がそこにいるか見ることができるようにすると良いでしょう。

近所との境界

もう一つ重要な境界は、敷地とそれを取り巻く近所との境界です。コミュニティの結びつきの強いコウハウジングの住人たちは、近隣の住人とは疎遠になりがちです。共用のレクリエーションエリアを用意したり、近所の通路とつなげたり、公の広場とい

玄関前のセミプライベートの空間

ったものをつくることで、孤立した感じをなくすことができます。

しかし、コウハウジングの住人が近隣住人と仲良くしたいと考えていても、隣近所の人たちがそう考えているとは限りません。

多くの人々がコウハウジングについてもっと良く知れば、近隣の人の不安はなくなり、つき合いやすくなるでしょう。

ボディランゲージ（体で表現する言葉）

自然に顔を合わせ、話が始まるような仕掛けについて検討する中で、読者は立ち止まっておしゃべりをする暇がない時に顔を合わせた場合はどうするのかと思われるかもしれません。

その点についてコウハウザーはさまざまな局面でボディランゲージを使って、相手を理解することを学ぶと話してくれました。

「歩きながら『やあこんにちは』っていうだけでいいんです。みんな忙しいし、自分自身の生活があるということをよく知っているので、それは自然なことなんです。」

ボディランゲージは話しかけて良いかどうかのサインになります。引っ越してから何カ月かの間、忙しくてつき合いをする暇のない人もいますが、あとになれば仲良くなれます、と一人の住人が話してくれました。

「コウハウジングの人々はお互いにとても正直になるものです。」というのはコウハウジングに一六年間住んでいるフィン。彼はまた、次のように語ってくれました。

「前に住んでいた家では、隣の人から道具を貸してくれるよう頼まれたとき、私は都合が悪くても、それを貸さなくちゃならないと思ってました。めったに話したことがないのでつき合いの悪い人と思われたくなかったからです。でも、ここではもし誰かが話したかったり、コーヒーを飲みたかったり、道具を貸してくれと言っても、私が望まなければ、ノーと言います。ノーと言うことができるのは親しい間柄の印です。」

3　コモンハウス

私達がお互いに知り合いになり、仲良くなったのはコモンハウスの活動を通してです。 ―「太陽と風」の住人

もし各住戸が離れて建てられれば、コモンハウスは住人を集めるような設計になります。それは家と家との距離を縮めるといってもいいかもしれません。一戸建ては集合住宅に比較してエネルギーや時間やお金を消費する様な設計といえますが、コモンハウスはこの三つを節約することができます。

空間のつながり

コモンハウスの中の空間のつながり、（キッチン、ダイニングルーム、プレイルーム、作業場）はそれがうまく使われるかどうかの決め手となります。コモンディナーに参加するとか、ランドリーを使うとか、手紙やメッセージを取りにいく用事がある時などに、住人はコモンハウスに行きますが、そこに他の人がいるかどうかわかるように設計すべきです。

キッチンの位置やデザインは特に重要です。というのも、調理当番は午後から夜まで働き通しになることが多いからです。ある例ではコモンハウスのどの入り口から入ってもキッチンを通らずに他の場所には行けないため、調理当番は誰が来たのか、また出ていったのかが分かるようになっています。逆にキッチンがダイニングルームや、人の動きが見える位置から閉じられていると、調理当番は他の人達の活動から孤立してしまいます。

子どもの遊び場とダイニングエリアとのつながりも重要です。親は小さい子どもの声が聞こえる距離を望みますが、遊び場はダイニングエリアから離したほうがいいでしょう。そうすれば大人たちは夕食後リラックスできます。

あるコウハウジングでは住人たちは食事の後、小さい子どもを寝かせなければといって急いで家に帰っていました。しかし、同じように小さい子どもがいても、他のコミュニティでは、大人は夕食後子ど

もが遊んでいる間、コーヒーを飲んだり話をして、一緒にリラックスしていました。

このような違いはコモンハウスのデザインにあるようです。前者のようにプレイエリアがダイニングルームに隣接していると、夕食後子どもを連れて家に帰ることになります。一方後者は、プレールームがホールから下がった所にあります。声や物音は聞こえる距離ですが、ダイニングルームからは離れています。そこで子どもたちは、大人がリラックスしている間好きなように騒いで遊ぶことができます。

あるコウハウジングではダイニングルームの端にプレイエリアがあり、コーナーに独立した居間をつくった時、住人はこうコメントしました。

「それは素晴しくうまくいってます。以前のように急いで家に帰る必要はなく、毎晩そこでコーヒーを飲みながら語り合います。」

一方で、時々、独りになるためにコモンハウスにいくこともあります。ある木曜日の夜遅く、十代の少女がレオタード姿でダンスのステップを練習していました。また土曜日の朝に、中年の男性が一人でサクソフォンの練習をしていたこともありまし

ダイニングルーム横のプレイルーム　アマーストにあるパイオニアバレーコモンハウス内

た。このようにコモンハウスは「家から出かけていく」場所にもなります。

ゆとりの部屋

ほとんどのコウハウザーたちは、コモンハウスの面積が大きいものでは七〇〇㎡程あるにもかかわらず、もっと広いコモンハウスを欲しいと言います。ティーンエイジャーに賃貸したり、ワークスペースとして使ったりできる予備室が必要だと考えています。現在、多くの新しいコミュニティで、そのような部屋が設置されるようになっています。子どものスペースをもっと多くして欲しいというのもみんなの要求です。しかしコミュニティのためのスペースや快適さを追及する一方で、建築費には限度があり、許される範囲内で最大限デザインすることが重要になってきます。玄関脇の何気ない腰掛けられる場所は、スペースをとらず、離れた書斎よりひんぱんに使われるでしょう。みんな夕食の前や後にここに集まってきたり、またなにか読み物があればそれを見て長居したりもするでしょう。

使いまわしのきく部屋は、限られた空間を最大限利用できます。例えば、ダイニングルームをミーティングルームとしても使うことができれば、同じ面積を倍に使うことができます。コモンハウス内にフレシキブルな部屋があれば、そこはいろいろな使い方ができます。子どもの共同保育に使ったり、音楽室やティーンエイジャーのたまり場として使われている場合もあります。またあるコウハウジングではそういったフレキシブルな部屋について「将来はティーンエイジャーが住んだり、家で働く人のための貸部屋になるかもしれません」と住人は考えを巡らしています。またゲストルームとしてや、臨時のベッドルームとして使っている例もあります。

親しみのある雰囲気をつくる

ダイニングルームは快適であるべきで、社員食堂のようにすべきではありません。ダイニングルームは小人数の人が何気なく集まったり、コミュニティ全体の人が集まって会議したり、そのどちらにも使われる場所です。

またキッチンは、沢山の食事を準備するのに適した専門的な設備で、能率良く仕事ができるようにすべきですが、家庭的な雰囲気をこわしたくありません。料理をしたり配膳をするのにできる限り便利で、楽しくできるよう考えましょう。オープンキッチンにして、ダイニングとはカウンターで仕切るとアットホームな雰囲気が出ます。内部の仕上げや照明設備も同様です。例えば自然の木の仕上げはペンキやプラスチック系の材料より、そして白熱電球は天井に付けた蛍光灯より暖かく感じます。いくつかのコミュニティでは設備にこって業務用キッチンのようになってしまい、家庭的な雰囲気を出すのに失敗しました。コウハウジング社の経験から見てもキッチンは能率的でシンプルなほうが良いようです。

音

良い音響環境は気持良い雰囲気をつくります。もし住人たちが夕食の時普通の声で会話ができないなら、家で食べることが多くなるようです。コモンダイニングルームの天井が平らで固い表面であれば、音を反響しやすくなります。一方、傾斜のある天井や吸音材を張った天井は音の反響を少なくします。ウィンズロウコウハウジングでは、キルティングの布を高い天井の壁に下げて音の問題を解決していました（51頁参照）。

細かい寸法

ダイニングテーブルの大きさなどの設計のディテールも、雰囲気づくりに大きく影響します。大きなテーブルを設置したコウハウジングでは、みんなが離れて座ることになり、その結果テーブル越しに話すために大声を出すことになってしまいました。すると周りの声も大きくなり、他の人はもっと大きい声で話さなければなりません。

八〇〇×一八〇〇㎜のテーブルは六人～一〇人（何人かの子どもを含めて）の人が座れますが、それは心地良い会話ができ、リラックスできる楽しい雰囲気です。小さいテーブルは自分達だけになりたい家族には良いかもしれません。

コモンハウスの主要な目的は個人の家にない物を補うことです。しかしそれだけではありません。それは隣近所のコミュニティをつくることであり、その結果すべてのコウハウザーの生活の質を高めます。

4 個人の家

コミュニティで共同作業をすることがあっても、住人たちはまだ自分自身の家で過ごす時間の方が多いものです。一人の女性は次のように語っています。

「コウハウジングの良さは、プライベートとコミュニティのバランスがとれていることです。ただしそれは両方が思った通りのものであるときだけです。」

コウハウジングでの個人の住宅は、共有の施設があることや住人がバラエティに富んでいること、そして人と人の関係などにより、設計上特別の配慮が必要です。

コウハウジングの住居の平均サイズは一九七五年から一九八五年の間に半分近くに減りました。もっと重要なことはユニットサイズがさまざまになったことです。

デンマークで建てられたコウハウジングの個人の家は、一九七二年には一四〇〜一八〇㎡という大きさだったのですが、八五年につくられたものは五四〜一〇四㎡と小さくなってきており、現在では平均サイズは八三㎡になっています。

コウハウジングの住居のサイズが小さくなっているのは、先進国の家のサイズが小さくなっていることと一致しています。過去十年の間に建物やエネルギーのコストが増え、家族数が減少したのが反映しているのです。さらにコウハウジングでは、コモンハウスを持つことやコーポラティブ融資の枠が厳しいということも住居のサイズを小さくする要素です。コモンハウスにある共有の施設は、個人の住宅の機能を補ってくれることがわかってきたため、住人は住宅のサイズが小さくなることに何のためらいもないようです。実際、個人の家で洗濯設備やゲストルームや大工仕事などに使う作業場といったスペースはもはや必要としません。

キッチンもサイズが小さくなりました。二口のコンロで十分です。なぜなら住人は普段夕食をコモンハウスで食べ、個人のパーティーや、お客さんが来た時の夕食にもコモンハウスを使うからです。

私達が訪問したドイルストリートコウハウジングの個人の家の台所は広さはありましたが、あまり使っていないようでした。それ以後にできたウィンズロウやピュージェットリッジコウハウジングでは、各戸の台所はドイルストリート程広くありませんでした。コモン施設の使い勝手がよいので、住人たちは以前に住んでいた家より小さい家になっても大丈夫ということです。

様々な家族を受け入れたデザイン

コウハウジングの特色の一つは、様々な家族のタイプと様々な年齢の人がコミュニティにいることです。このために、いろいろな大きさの住宅や間取り、ワンルームのスタジオタイプ、一～三の寝室のある住戸、一つの家を何人かでシェアしたり、短い期間借りられる借家等があったりと様々です。

基本プランから選ぶ

新しいコミュニティでは、四つから六つの住宅プランの中から基本的なプランを選ぶことが多くなっています。基本となるプラン自体はコウハウジングのプランニングの過程で決めてゆきますが、それらとは別の間取りを希望する人は、その設計を個別に建築家と考えます。個人住宅ではキッチンのレイアウトを変えたり、部屋の間仕切りを変えたりといった違いですが、しばしば変更するので、すべての家が少しずつ違っています。前章で指摘したように、このような個別プランへの対応は注意して設計しないと、かなりの建築コストの追加を招きます。

コアプランを用意する

様々な家族の要求をはじめから、または将来にわたって満たしていけるようにする方法は、いくつかの変更可能なコアプランを用意することです。一つのコアプランでいくつかの異なった間取りに対応することができます。この方法は、後でどのようにしたら増築できるかを検討するのにも役立ちます。

未来の変化に対応する

コウハウジングにとって、住人が定住することは大切です。もし人々が住まいが合わなくなったからという理由だけでその土地から引っ越すのであれば、安定したコミュニティのメリットが失われ、人々の生活は落ち着かず、家どころではなくなります。人間の生活は変化がないということはまれですが、それは家についても同じです。子どもの誕生、子どもの独立、離婚、配偶者の死は家族の必要とするスペースに影響します。こういった出来事には、また、コミュニティの助けが必要となります。

様々なサイズの住宅があれば、住人が必要な時にコミュニティ内で移動することができます。もちろん、これはコミュニティ内の二つの家族が同時に交換したいと考えた時でなければなりません。住宅の交換のしやすさは所有権の種類によります。レンタルや共同組合が持っている住宅の方が、個人が所有する住宅よりも交換は簡単ですが、オーナーが所有している住宅同士の交換は、お互いの条件が合えばかえって好都合です。「隣近所に手伝ってもらって、私達は土曜日の午後に住宅の交換をしました。書類事務はもう少し長くかかりましたが。」とある経験者は語っています。

フレキシブルな（融通性のある）建築

建築に融通性を持たせておくと、将来の増築にも、または二つの小さいユニットに分けることにも対応できます。コアプランを使わない住宅の場合も、プライベートの部屋を増やしたり追加できるスタイルや形を提案することは、計画段階で可能です。建築の構造方式を検討し、例えば柱梁を基本とする構造を採用すれば、構造を傷めずパーティションの壁を取り除いたり、部屋を増やすといった方法で融通性を持たせることは容易です。

また変化するニーズに対応する別の方法は、複数の異なる利用に対応できるようプランニングすることです。大きい家では学生や他の人に部屋を賃貸できるよう計画しても良いでしょう。いざというときに部屋を貸して、収入の足しにすることができます。貸す部屋は専用の玄関をつけられるようにするか、玄関から直接部屋に入れるようにしておけば簡単です。リビングを通って行くようではいけません。これは小さい家でティーンエイジャーと一緒に生活する家族にとっても大切な配慮です。

もう一つの融通性のあるプランは、隣と交換でき

フレキシブルな建築の例

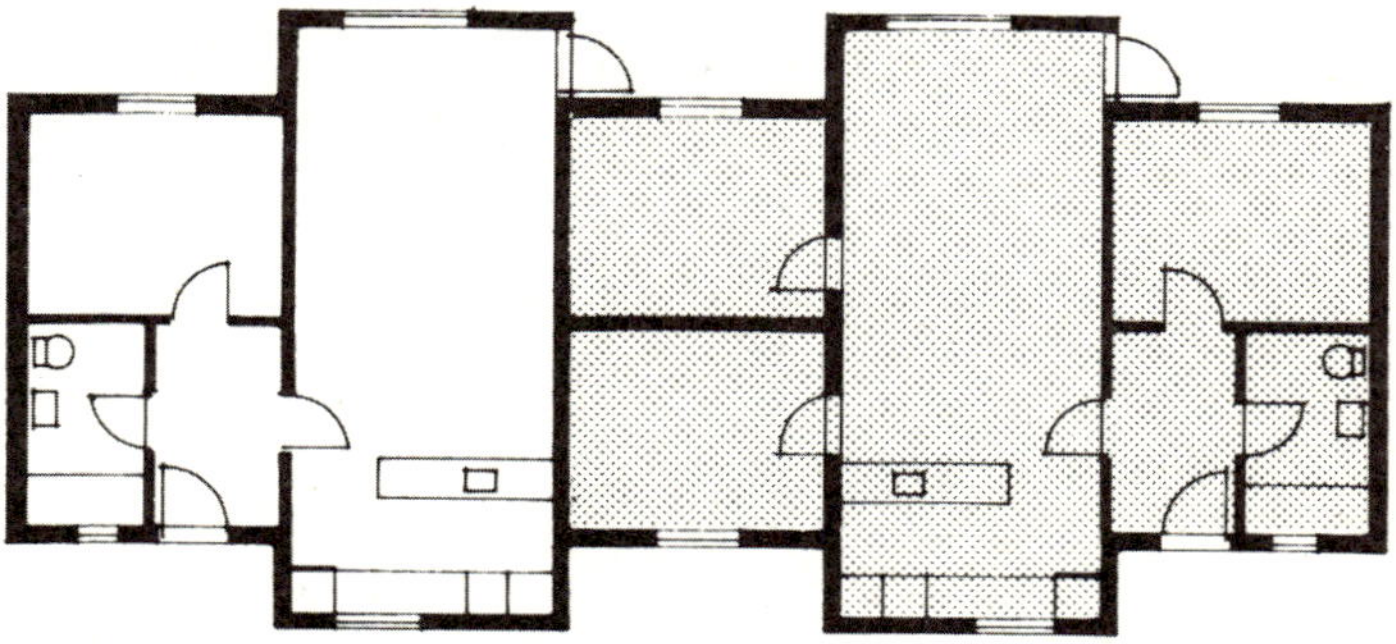

若いカップル　　学齢期の子どものいるカップル

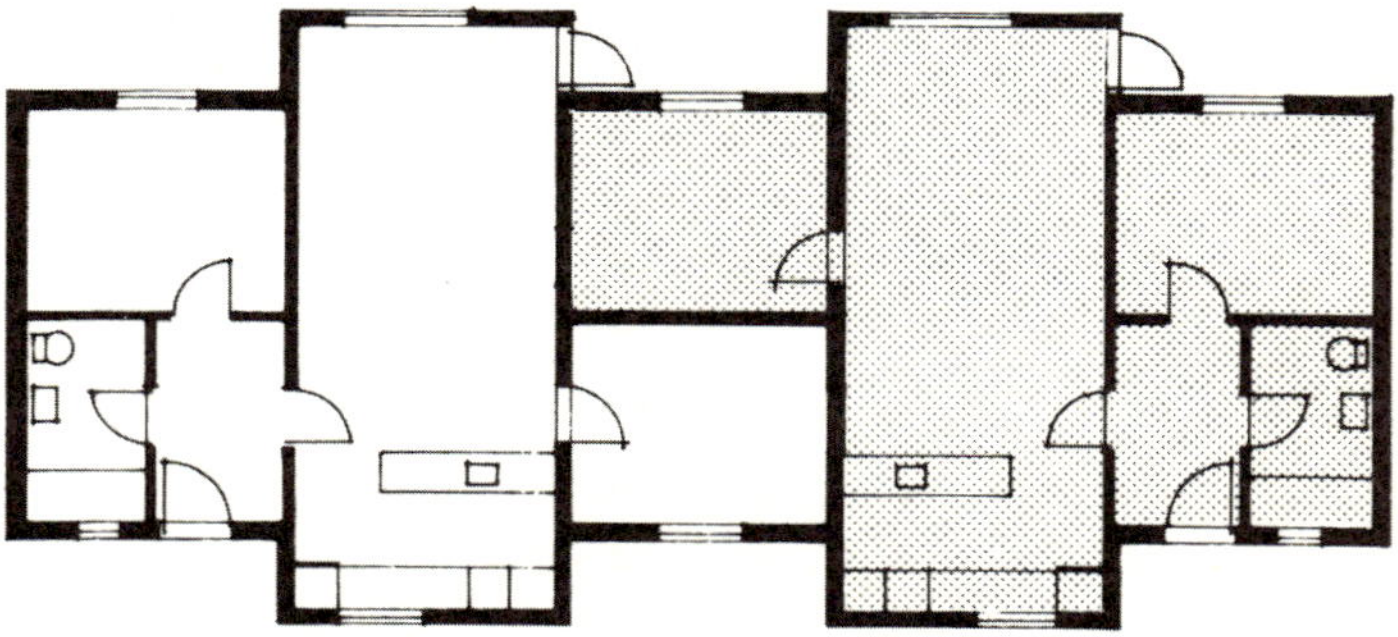

小さい子どものいるカップル　　子ども巣立後の世帯

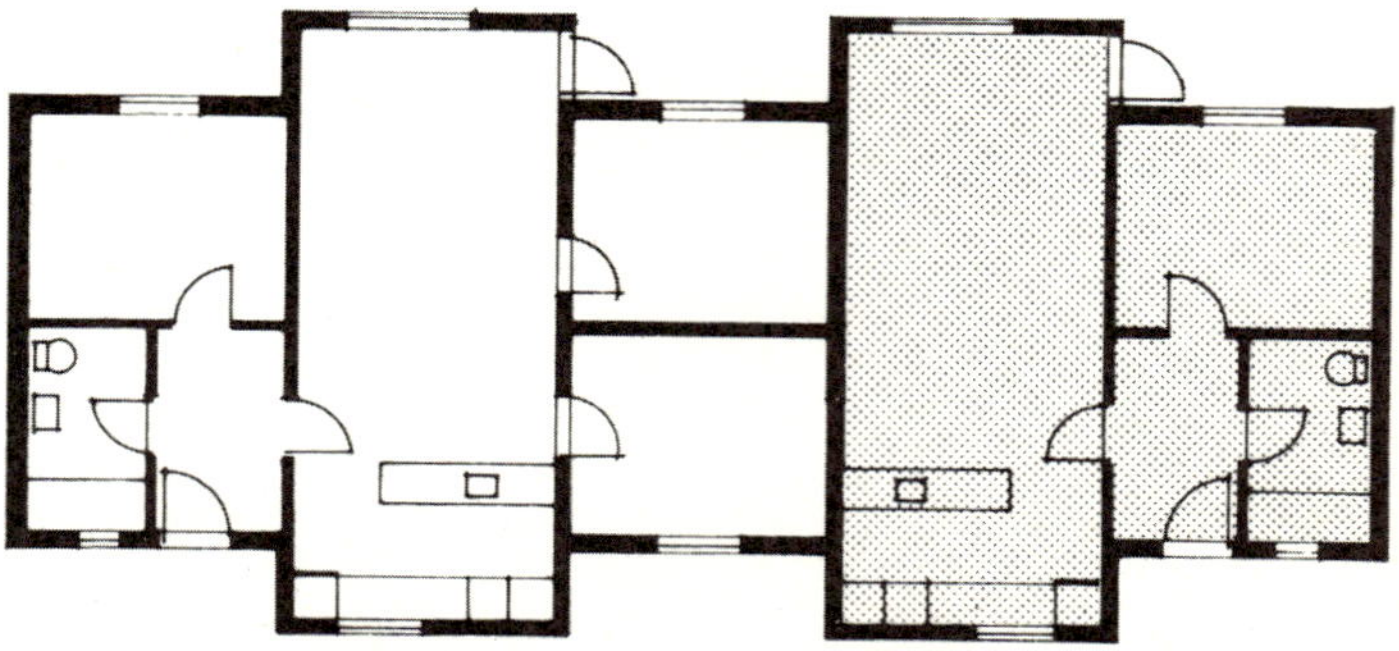

学齢期の子どものいるカップル　　定年後のカップル

「コウハウジング」p.192

る部屋をつくることです。あるプロジェクトでは一つの部屋を両方の家から使えるようにドアを二つ付けました。片方のドアを閉じもう一方のドアを開けます。この場合、ユニット間の音の問題に注意してドアの位置を考える必要があります。フレキシブルな部屋をつくるとはじめは高くつくかもしれませんが、他に引っ越すより節約になります。しかし、フレキシブルな部屋をつくることには、融資の点からも法律上からも困難な問題があり、また交換するためにはお互いのニーズが合わなければなりません。

多くのコミュニティでは、コモンハウスに貸部屋や予備の部屋をつくるのが、最も経済的で利用しやすい融通性のあるプランだと考えられています。

小さい住宅のデザイン

今日の経済状況からすると小規模の住宅にせざるを得ませんが、住む人は何を優先するかを注意深く考え、建築家は空間の使い方をもっと創造的に考えるべきでしょう。

大きな家にいろいろな機能を持たせるのは簡単ですが、小さい家は手にぴったりした手袋といった感じで余裕がありません。先にも触れましたが、コモンハウスの機能を快適にするため、重複するものは避け、コミュニティとして必要とするものと、各戸に必要な機能をはっきりさせるのがよいでしょう。そしてスペースを割り当てるのに優先順位を決めると同時に、建築の質を考える必要があります。

売らんかなのディベロッパーは、売れるかどうかが問題なので、キッチンセットにはお金をかけても、ユニット間の音の問題にはお金をかけようとしません。住人が自分の住まいについて決定をすれば、長い期間住むことを考えてキッチンにはお金をかけずに、ユニット間の防音にお金をかけます。キッチンセットはいつでも良い物に変えられるからです。

ロフトを寝室にしたり、中二階、高い天井、床の高さの変化、照明、そして空間を多面的に使うことで、狭いところを広く感じさせることができます。天井の高さや窓の配置は、部屋の空間づくりに大きく影響します。

小さい家をつくる仕事はディテールに注意を払う必要があります。細かいことに気を配り、音の問題、収納、窓の配置さえも非常に重要です。

部屋の間取り

伝統的な、玄関の正面にリビングルームがあるといった間取りの考え方から脱して、共有している外部空間に面してキッチンがあるととても便利だということが分かります。こうすることによって内部と外部や、プライベートとコモンのより強いつながりをつくります。そして外で遊んでいる子どもを見守りながら、仕事や家事をする両親にとって、実用的な配置です。逆に、プライベートな部分は静かな奥や上の階に配置します。腰掛けて本を読んだりする場所は、二階のちょっとしたスペースや玄関ホールのコーナー等で十分です。

新しい家のデザインの問題

この章では、コウハウジングにとって特に重要な設計について述べました。コウハウジングという新しい住宅のユニークな生活を経験したことがある人はほとんどいないので、これは強調する必要のあることでしょう。コウハウジングではプライバシーを守れないと心配する必要はありません。

コウハウジングを設計する建築家にとって最も大きな利点は、将来そこに住む住人の要望や優先事を聞くことができるということです。

かつてコミュニティは地縁の結び付きによって維持されていました。例えば、小さい町では隣の店から食料雑貨を買っていました。子どもの学校の校長先生と一緒に教会へ行ったり、子ども達は銀行員の子ども達と遊んだり…、とこんな具合です。

このような関係は、今日の都市や郊外ではほとんど失われてしまいました。こういったものを埋め合わせるために、私たちはコミュニティを維持する環境の役割について、今までよりもっと意識する必要があるでしょう。

＊　＊

以上は、コウハウジングをデザインするにあたってキャサリンやチャールズが具体化してきた考えです。日本に当てはめて考えても、共通する部分が随分あります。アメリカに学ぶ所は多いに学び、日本版コウハウジングを考えていきたいものです。

●四章注釈
本章は「コウハウジング」第十四章の抄訳である。

第五章　コウハウジングをつくろう

1 日本でつくるには

前章までで述べたアメリカのコウハウジングは、コウハウジング社のキャサリンとチャールズがデンマークのボーフェレスケーブと呼ばれるコウハウジングに暮らした経験を基に、アメリカに合わせアレンジした住まい方です。

それを日本に当てはめるには、どうしたら良いのでしょうか。

まず土地の問題が大きくネックになります。売るための住宅地ではなく、住むための住宅地という発想転換が必要です。そしてその地域でどうやって住むか、周囲の環境を含めたデザインが必要です。

幸いなことに大きな木や、池があったら残す方向で考えましょう。家と家は長屋のようにくっついていても、子どもを安全に遊ばせ、草花や野菜を育てられる魅力的な共有空間があれば、住人は外に出てきます。住まいづくりを通して親しくなった人同士の会話もはずみます。

また、既存の分譲住宅地でも気心が知れてくれば、仲間に誘い、積極的に呼びかけてコミュニティをつくることは可能です。アメリカの事例であるNストリート（88頁参照）で始まったように、まず手始めに隣りとの垣根をなくすことによって、心の垣根も取り払われます。二軒三軒では効果は見えなくても七軒八軒となると立派なコミュニティです。そして少し大きめの家で、子どもたちがみんな独立して出ていき管理に困るような家があったら、そこをコモンハウスにしたらどうでしょう。少しずつお金を出し合って、台所、食堂を改造し、土間や濡れ縁、テラスといった、日本風の「ソフトエッジ」をつくり、誰でも気軽に立ち寄ることのできる場をデザインします。

管理運営は簡単ではないかもしれませんが、ここまでやろう、という気になった人達でしたら智恵を出し合い、話し合えば、実現は決して難しくはないのではないでしょうか。

まだまだこういった住まい方は日本の中で広まっていません。土地を不動産と考え、親から子に相続するものという考えが根強いからです。そのため親がコウハウジングをつくってみたいと考えても、子が反対するという話を聞きます。

しかしこんな住まい方も選択できるということが広まれば、そしてこんなコミュニティで大きくなった子どもが大人になれば、同じようなコミュニティにまた住んでみたいと思うかもしれません。

もちろんコウハウジングは、アメリカや北欧でもすべての人に合う住まい方ではないでしょう。個が自立し、自分はこうしたい、というはっきりした考えを持った人達が集まった住まい方といえます。

しかし、住む人の考えが合えば、そこで暮らすことは安心できるでしょう。子どもを育てるにも親子だけのつきあいではなく、隣近所の年配の智恵を借りることができ、親の帰りが遅くなっても気がねなくコモンハウスで夕食を食べることができます。

年を重ねても地域でコミュニケーションが円滑にいっているると、いざという時に安心です。シングルの人達にとってはなおさらです。

コウハウジングの建設では、住まい方、暮らし方というソフトのデザインがまずあって、それに合わせたハードのデザインをどうするかが重要なのであり、こうしなければならないというものがあるわけではありません。

学校の古い校舎や町の便利な場所にある役場や会社の寮を利用するのもいいかもしれません。また、既存のマンションの一ユニットをコモンハウスにしてみんなで管理する方法もあります。そこは住んでいる人なら誰でも入れるようにして、よくあるような、マンションの鍵をかけた集会室にはしないことです。

この章では既存の住宅を利用してコウハウジングをつくる方法、そして新しくつくっていく場合はどのような方法が考えられるか、試案をつくってみました。各コミュニティの紹介でも見て取れるように、これという定型はありません。つくりたい、住んでみたいと思う人たちがつくりあげてゆくものなのです。

ここで取り上げるいくつかの試案を土台に、ぜひ独自のプランをつくり上げてみて下さい。

2 コウハウジングへの再生

既存の戸建てをコウハウジングにするコモンレストランのあるコミュニティ

既存の住宅でもコウハウジングをつくることが可能だという例を以下に示します。

小林さんの家は新宿から急行で三〇分の私鉄沿線にあります。駅から歩いて一五分。近くに畑や田んぼが残っていますが、市立図書館や、デパート、プールや総合体育館にも、歩いていける距離にあります。小林さんは親の代からここに住む土地の人ですが、小林さんの家を入り口に、袋地になっている通路をはさんで全部で八軒の住宅が、小さなコミュニティをつくっています。

小林家では二人の子どもが成長し、独立したのを機会に、これからの暮らしを見直すことにしました。八軒の中では一番敷地も家も広く、人を招くことが好きな小林さんは、自分達は二階に住み、一階を増改築して地域の人の集まる場所にできれば、と考えています。また、空いている部屋は留学生を受け入れ、国際交流ができたら、とも思っています。これは下の息子がアメリカでホームステイしたお返しのつもりです。

小林さん以外の七世帯は、二五年程前に建物付きで分譲された土地を購入したり、何年か経った中古の住宅を購入した人たちです。建築されてから二五年も経つと、設備や間取りが現在の生活に合わなくなり、どこの家も新築や改修を考える様になりました。

この場所ではある程度コミュニティは育っていますが、全員が集まるのはこのコミュニティの誰かが亡くなった葬式の時くらいです。しかし、どの世帯も子どもたちは高校生以上で、小林家と同じように夫婦だけの世帯や、独りになった世帯もいます。

そのため、コミュニティの人々の間では、何かとこれからの生活が話題に上るようになりました。するとどの世帯も、これから歳を重ねて体が不自由になった時は公的な介護援助を受けることを考えていますが、それまでは隣近所の人から目と言葉をかけてもらい、できたらここで最後まで暮らしたいと考えていることがわかったのです。

住む所があり、食事が確保され、あとは隣近所のコミュニティがあれば、血縁に頼らなくても、余程のことがない限り、住み続けられるという訳です。

年をとれば、ましてや一人暮らしでは、買い物も億劫になり栄養も偏りがちです。そんな時に簡単にいつでもいくことができ、いけば顔見知りの誰かがいてお茶を飲むことができ、話ができ、食事ができる、そんな場所が近くにあったらいいなあ、という声があがったのです。そして病気の時はお弁当を届けてもらえたら理想的です。

他の人々に会いたくない時は自宅で食事をし、また話したくない時は、通りに面した部屋のカーテンや障子を閉めておきます。話したい時は外に出て草花に水をやったりしていると、通りかかった人が話しかけてくるかもしれません。

こんな話が盛り上がったこともあり、もともと地域の人が集まれる場所を提供しようと考えていた小林さんは、自宅の一階をコモンレストランとして提供することに決めました。コックは、向いに住む料理上手の早川さんが中心となって引き受けることになりました。コモンレストランの開設費用は、八軒で協同出資し、食事は原価計算で食べた人がその度に払うことにします。調理は主として早川さんがやりますが、手伝える人は手伝うことにします。

また、余力が出たら地域の人に配食のサービスをしたいと考えています。

個人の家の建て替えやリフォームにあたっては、今ある垣根を取り払い、隣の家との境はなるべく簡単にします。通りはできるだけ段差をなくして歩きやすく、車椅子も使えるように配慮し、また景観にも気を配り、レンガを積み草花を植える作業もみんなで力を合わせることになりました。

自分の家はつつましく、そのぶんコモンレストランや、コミュニティストリートにお金や手間をかけようという訳です。

こんなコモンレストランがあれば、八軒だけでなくまわりへの広がりも期待できる夢のあるコミュニティへ変身できるのではないでしょうか。

鳥瞰図

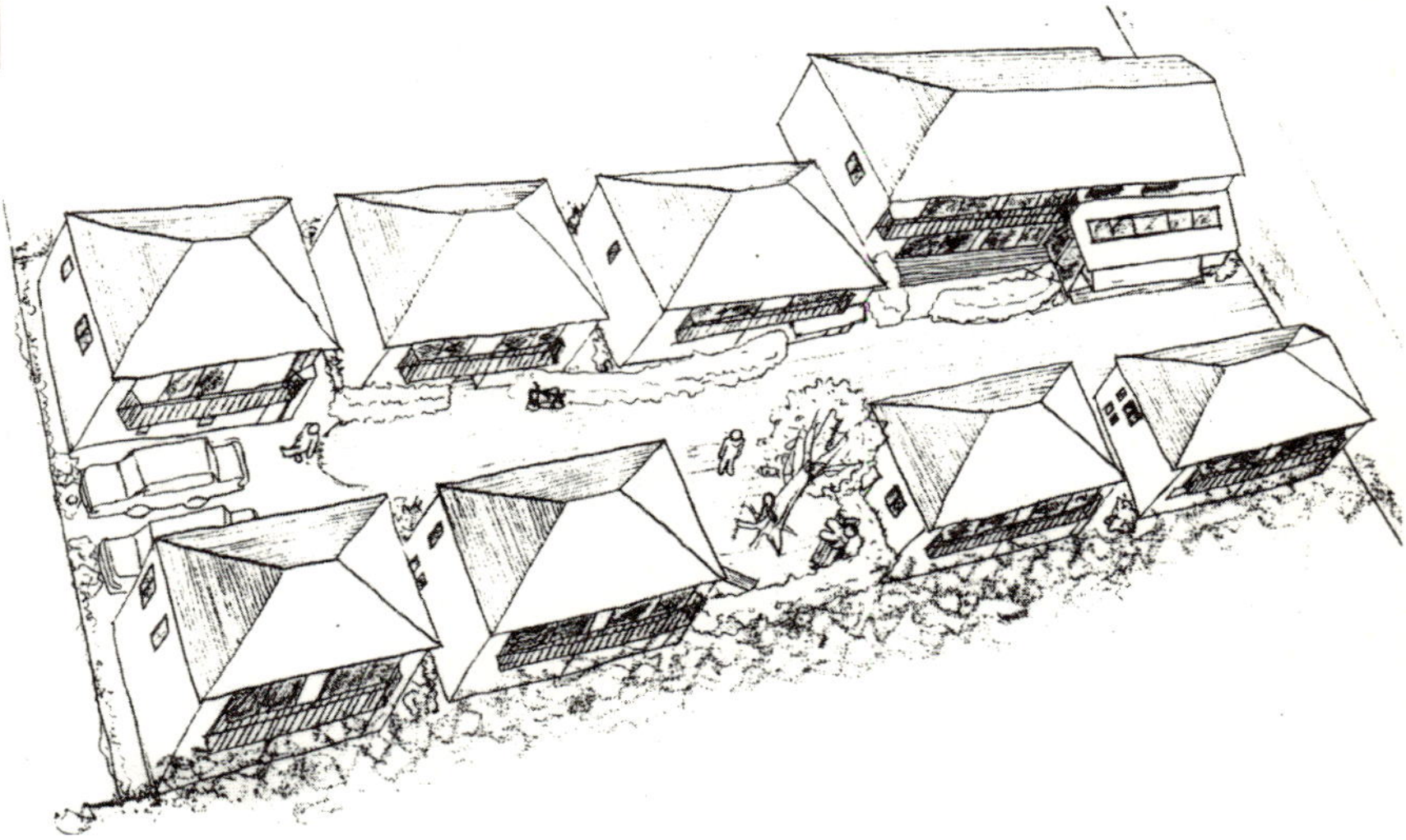

配置・平面図　コモンレストランのあるコミュニティ

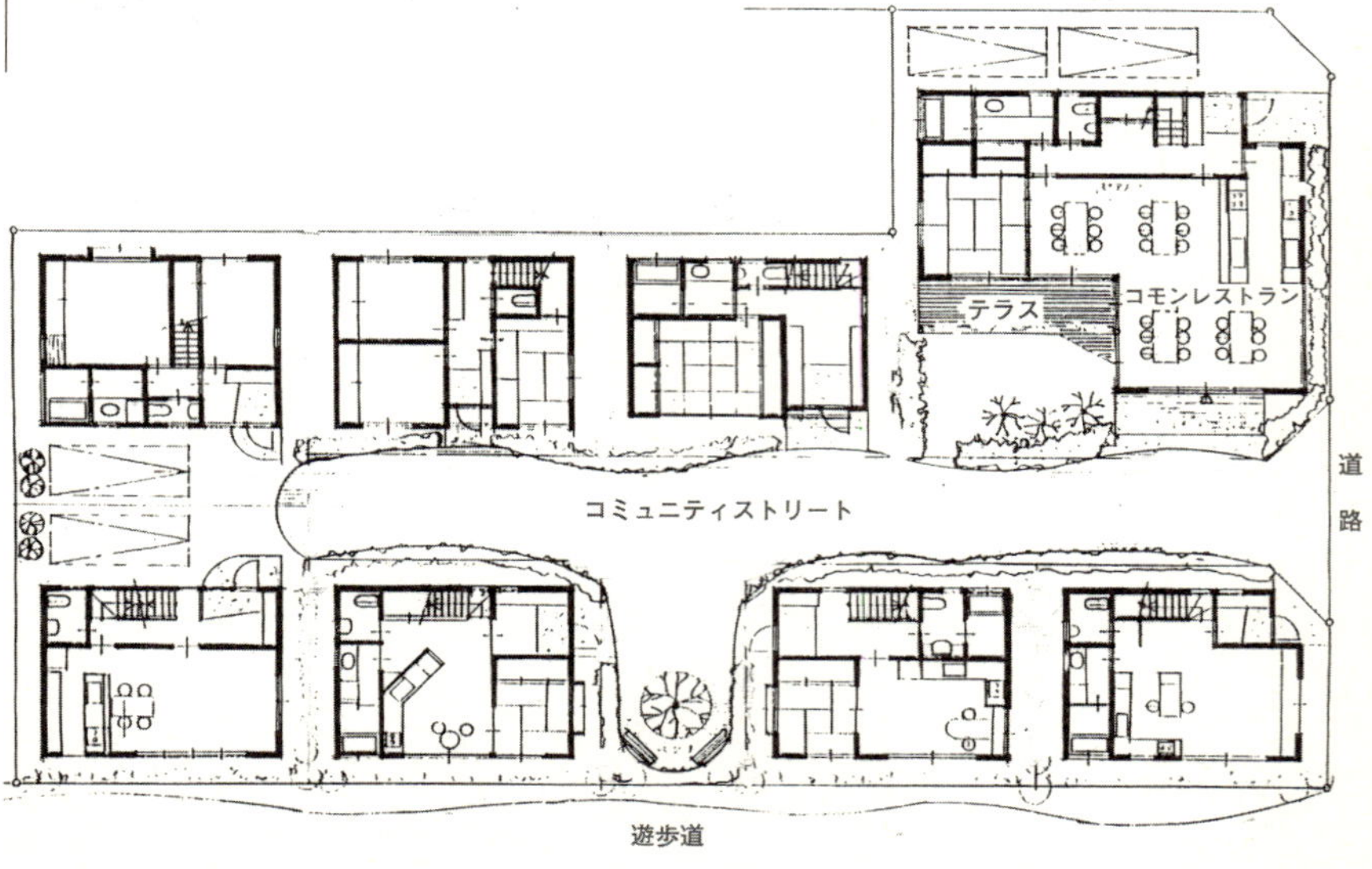

コモンレストラン

マンションをコウハウジングに

首都圏では今までに一六〇万戸を超えるマンションが販売されています。そのほとんどのものが、十分な共有施設を持たず、あっても管理人室程度のものにとどまります。特に東京二三区内でつくられたものの多くは戸数も小規模なものが多く、値段の問題からただ住戸部分＝販売面積をどれだけ増やすか、といったことに知恵が絞られることが多く、本当に集まって住むことの意味を考えてつくられたものは殆どなかったといえましょう。

そこにコウハウジングの考え方を持ってくるとどうなるでしょうか。

ここでは都内にあるAマンションをモデルに考えてみましょう。

このマンションは建てられて二五年が経ち、今では初めから住んでいる住人は全部で三五戸あるうち一〇世帯に過ぎません。もともと値段の高い地域だったこともあり、Aマンションは小さいものは四〇㎡弱の１ＬＤＫから大きくても六〇㎡足らずの３ＤＫまでの間取りです。全体が小さいので共有の施設は管理人室だけ。ただし管理人室といっても本当に申し訳程度のスペースに過ぎません。もちろん駐車場も五台分しかなく、敷地にも殆ど余裕がありません。

ここもご多分に洩れずバブル期には周辺に地上げが入り、マンションの中も半分の一五戸は不動産会社に買われ、今では一〇戸に社員を住まわせているようですが、残りの五戸は空き家となっています。それ以外でも現在は賃貸にしている人が多く、事務所利用も他に二戸あります。そのため、住人のまとまりが悪く管理人もいないので、元から住んでいる内山夫妻、（彼等は設計事務所を経営していますが、事務所と自宅を同じマンション内に持っています）が管理会社との連絡やちょっとした掃除などを自主的に買って出ています。

そんなところへ大規模修繕の話しが持ち上がってきました。もともと管理会社もあまり信頼のおけるところではなく、修繕計画もきちんと立てられておらず、途中で入ってきた不動産会社は修繕どころか壊すことを考えていたため、計画もなかなかまとまらない状態となっていました。

しかし、空き家となっていた住宅から階下への漏

元のプラン

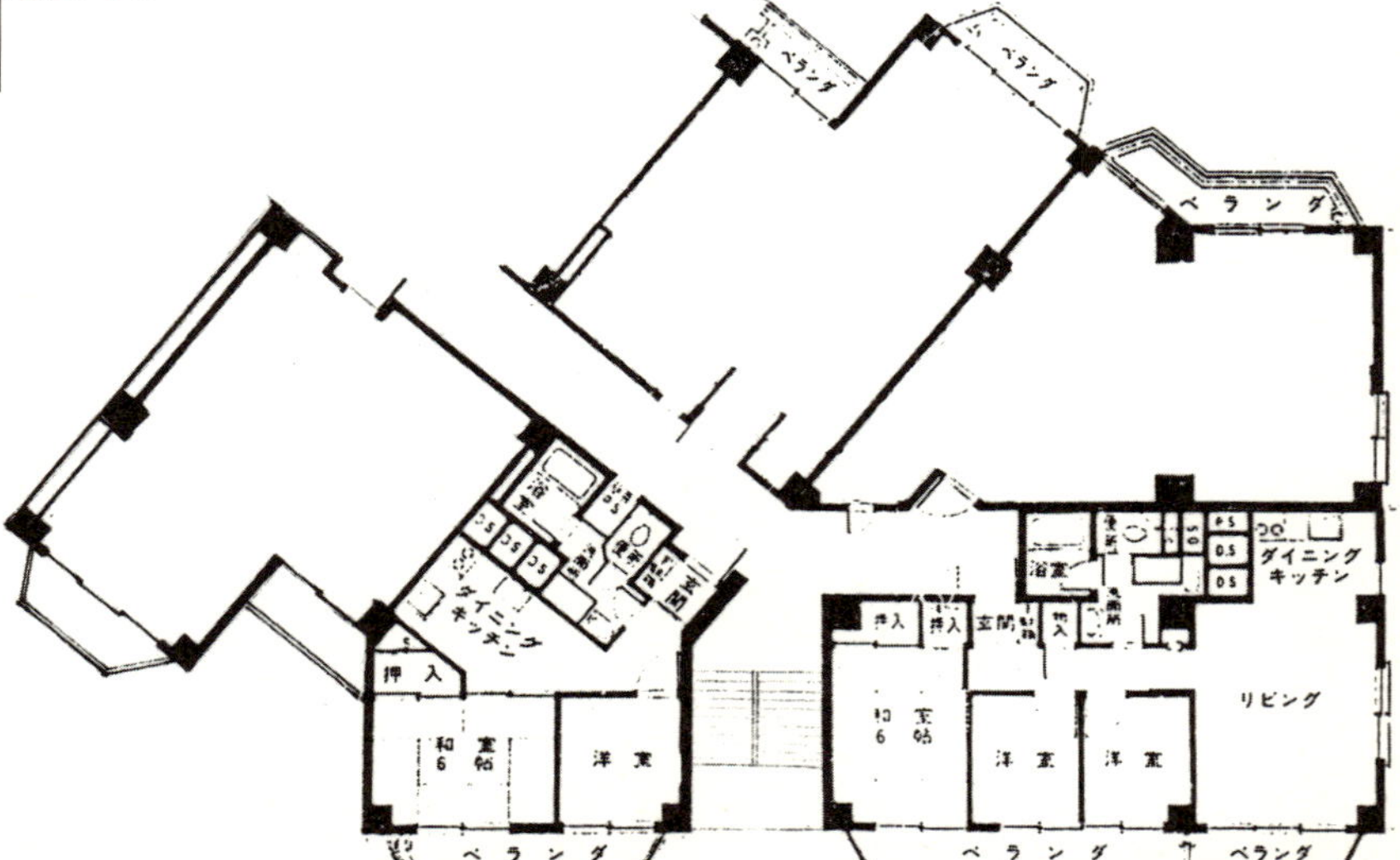

水事件が発生、水道管のさび水問題や屋上の防水、外壁のタイルのはがれなど、老朽化は無視できない状況になってきました。

それまでは管理に無頓着な住人も多かったのですが、これをきっかけに何度も住人達の間で話し合いが行われました。おかげで住人同士の交流は進みはじめたのですが、地方に住むオーナーもいてなかなか話しが進まないなか、内山夫妻もなんとかしたいと友人に相談、あるアイデアを思いつき、他の住人やオーナーにも諮り、不動産会社に持ち込むことにしました。

そのアイデアとは、このマンションを全体のリニューアルと同時にコウハウジングタイプのマンションに変えるというものです。

今は新しいマンションでさえ工夫がないとなかなか売れないところに、抱えてしまったお荷物をどうしようかと悩んでいた不動産会社も、いちかばちかそのアイデアに乗ることにしました。

そのアイデアとは、一階にある不動産会社の持っている住戸を共有スペースとしてリフォームし、大規模修繕を実施するとともに、新規に募集する住戸

コモンダイニングとライブラリーをつくる

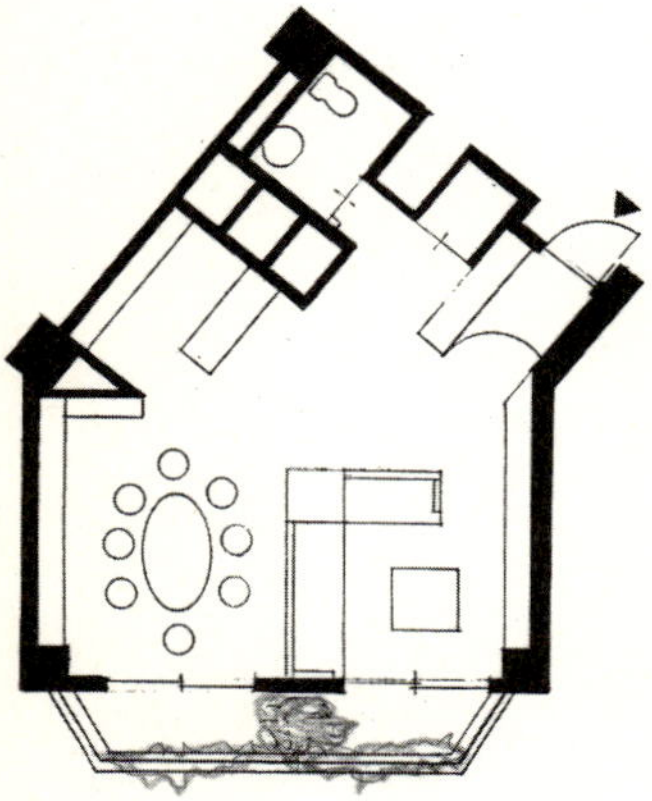

ライブラリー

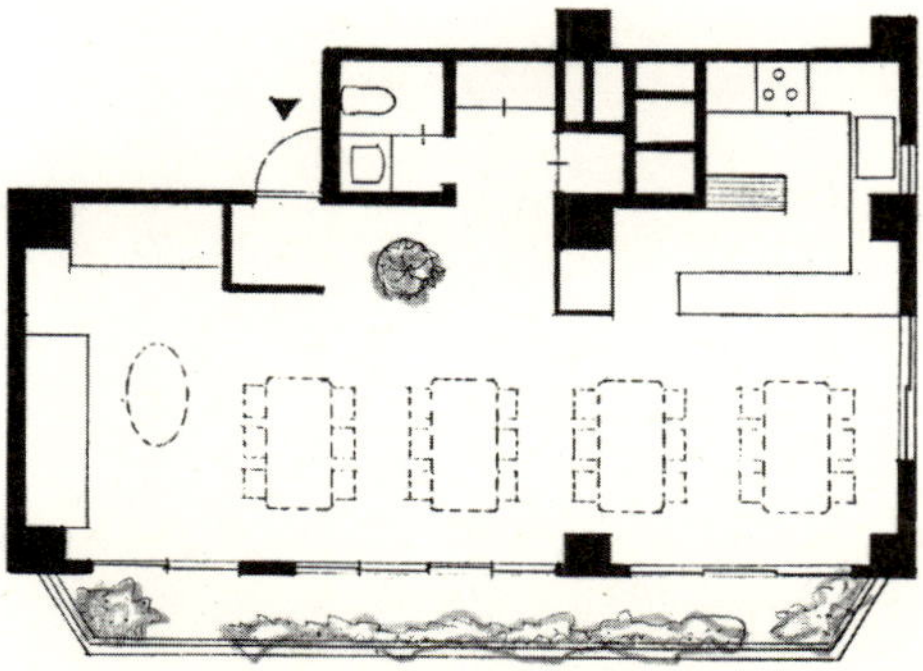

コモンダイニング

のリフォーム相談に内山夫婦、そしてその仲間達がボランティアで協力する、またコウハウジングコンサルタントに入居希望者の募集とワークショップを依頼するというものでした。同時に他の住人やオーナーにも、手放すかそれともコウハウジングに参加するかを考えてもらうことにしたのです。その結果二〇戸分を新たに募集しようということになりましたが、そのうち五戸は賃貸で募集するということになりました。

大規模修繕の費用は、今までの積立金不足がたたって一戸あたり約五百万円と高額な負担です。また共有スペースとなるリビングのリフォームの費用は不動産会社が出してくれることになりましたが、その共有スペースはみんなで買い取らなければなりません。そのための費用が一戸当たり約九〇万円上乗せされます。内山夫妻にして見れば、事務所分も入れて二戸分の負担になり大きな金額ですが、一戸建に住んでいてもなんだかんだと住まいの費用はかさむもの。しかも建て替えれば何千万円という金額がかかります。そのことを考えれば、当然の負担といえるかもしれないと覚悟を決めました。

しかし、この計画がスムーズに運ぶためには、この考え方に共鳴する人がどれだけ集まってくるか、それが心配だったのです。コンサルタントたちは今の住人たちの顔ぶれ、周辺の生活環境、立地条件、そしてマンションが手狭であることから、シニア層を中心にしようと考え、住宅雑誌ではなく地元のミニコミ誌やシニア向け雑誌を中心に入居希望者を募集しました。

そんな募集記事をみて集まってきた中に、山田さんと佐藤さん、青木さんがいます。山田さんは独身女性で五〇才、父親が最近亡くなり、足が少々悪い母親と郊外の戸建てでの二人暮らしとなり、今後の生活を考え、住まいをどうしようか考えている最中でした。山田さんは母親の体のこと、また自分も通勤が体力的にきつくなってきたことと、車がなくても生活できる場所であるなどいろいろなことを考え、少々狭くても駅に近く商店街もあって便利で、しかも周囲の人との交流のある暮らしができるということに魅力を感じました。

一方、佐藤さん。彼女は山田さんとは友人同士です。彼女たちは前から年を取ったら一緒に住んでみようかなどと語り合っていた仲間でした。全員仕事を持ち、一緒に食事をしたり、旅行にいったりする気の合う仲間なのですが、やはり老後のことはそれなりに考えます。

山田さんの転居話しをきっかけに、佐藤さんも前から考えていたことを実行する良いチャンスだと考えました。古いマンションですが、修繕もされ、また使いづらい間取りも専門家が相談にのってくれ、改善できるということ。共有スペースも自分達でつくってゆける面白さにひかれました。しかもプライベートがきっちり確保された上で友人と近所に住めることはなにより安心です。

青木さんは息子と暮しています。離婚後自宅でフリーの編集の仕事をしてきた彼女ですが、子どもの進学と仕事の都合で都心に近いところに住まいを移そうと考えていた所でした。そんな折に耳にしたこの話は興味深いものでした。他の人とものおじせず、きちんと話しのできる子にしたいと思ってはいても、そういった環境を確保するのは今の住まいでは望むべくもありません。でもここに住めば夜に家を空けるときや、急ぎの仕事が入ってちゃんとした食事の支度ができないとき、具合が悪いとき、そんな場合にも食事が用意されています。また息子が一人で食事をする、といったこともなくなるでしょう。息子に話してみたところ、意外にも大いに乗り気になってくれました。口に出していわないけれど、彼なりにさみしい思いをすることもあったのか、と改めて感じることとなりました。

さて、そのような面々が集まってきましたが、やはりどのような生活か、もう一つ分かりにくいため、入居希望者全員でもう一度コウハウジングの生活についての勉強からはじめました。週一回、内山さんのオフィスに集まっての勉強会からスタートです。ビデオやスライドを使ってのコンサルタントからの説明に、それぞれのこれからの生活の具体的なイメージが広がります。

もちろん下がったとはいえ、まだまだ都内では地価が高く、アメリカのように何千坪もの敷地を持って、雑木林や菜園、子ども達のためのスペースを用意することなど夢のような話です。

しかし、ささやかでもせっかく集まって住むのです。家事の分担やシェアする生活にチャレンジすることに意味があるというコンサルタントの話しに勇気づけられ、このコウハウジングはまず料理を分担したり、食事を一緒に楽しんだりということを第一番に優先させることにしました。もちろん毎日全員参加といったものではなく、週に三回を目標に緩やかなものとし、持ち寄りの日があってもよいし、後片付けはそれぞれが持ち帰ろうということになりました。そうすれば狭いキッチンを有効に使うことができます。

ただ共有のリビングダイニングだけではさみしいという声があがり、少し欲張って子ども達が集まれるスペースとして、リビングダイニングの他にもう一戸ライブラリーを兼ねた住戸を一階に確保することになりました。もちろん、さらに一戸当たりの負担は数十万円程上乗せとなりますが、いろいろ話し合っているうちに、なにか特色のある施設が欲しくなったのです。

ライブラリーの本はもちろんそれぞれが持ちよります。また書棚は大工仕事の得意な太田さん―彼は昨年長年連れ添った奥さんを亡くし、一人暮らしになった方ですが、やはりミニコミ誌をみて応募してきた一人です―の指導のもと、手をあげた三名が手伝うこととなりました。

本だけでなく座布団やクッションを持ちよったり、スタンドを寄付する人がいたりと、なかなか寄せ集めとは思えない、手づくりで居心地が良く、暖かな空間が出来上がりそうです。

普通、コウハウジングをつくる時には、土地探しが一つの大きなテーマになりますが、この場合は土地も建物もある意味では決まっているため、そこで労力を使うことなく、住んでからの使い方を考えること、また本当にみんなが暮らしやすい住まいを考え直すことに時間がとれたことは幸いでした。

さらに改修はある程度の時間は必要ですが、空き住戸をうまく利用してリフォーム中の住まいを確保することもできました。

もちろん、こういった調整役やデザイン上のアドバイスなども専門家がそれぞれ必要に応じて役割をこなし、また入居希望者たちの熱心な取り組みがあって歯車がうまく噛み合ったことが大きな推進力となりました。

＊　＊

こんな風にコウハウジングがつくられていくケースも、十分考えられるのではないでしょうか。机上だからうまくいくのよ、という声も聞こえてきそうですが、コウハウジングは具体的な生活イメージをどれくらい描けるかが成功のカギを握ると私たちは考えます。

マンションの老朽化や建て替え問題は、これからますますクローズアップされるようになってくることでしょう。

しかし、そんなときも、マンション内のコミュニティが出来上がっているかどうかが大きく影響してきます。

ハードの改修だけでは値段以外では新築のマンションに勝ち目はないでしょう。また住み心地もクエッションマークです。取り壊されてゆく建物も増えることと思います。

しかし、いつまでもそんな資源の無駄遣いをしている時代ではなくなりました。機能的にもそして社会的にも住み続けられる住宅へと、今あるストックを活用しての住まいづくりに、このコウハウジングの手法が取り入れられることを望んでやみません。

3 新しくつくろう

エコ・コウハウジング（e—cohousing）

別荘地で暮らす熟年夫婦は、都会の喧騒を離れ、自然に囲まれた中で、好きなだけ菜園で農業をしたり、本を読んだり、昼寝をする、そんな生活にあこがれてこの地にやってきました。想像通りの静かな暮らしですが、夏の間は隣人たちも避暑にやって来てにぎやかなこの別荘地も、葉が落ち、霜が降る季節になるとしみじみ寂しくなります。

近くにもっと永住する人が多いと良いのだけれど、夫婦二人きり一日中顔を突き合わしているのは…。二人きりで暮らすのは心細く、都会へ戻ろうかと思って。

こんな話を聞いて、コウハウジングだったら静かな暮らしと安心感の両方が得られ、住み続けられるのでは…。そう思いました。

一九八〇年代後半、当時の住宅・都市整備公団関西支社が大津市で行ったコーポラティブ方式の団地まるごと供給のシステムは大変画期的なものでしたが、地価の高騰でそれ以後このような方式は実施されていないようです。九二三〇㎡の敷地に元からある地形を残し二八戸の住宅が建っています。共有地を持つ良好な環境は今も変わらず保たれているそうです。

そこでこういった土地開発のコーポラティブ方式を取り入れ、コウハウジングの開発を行うことを考えてみました。

＊　＊

例えば那須の別荘地はどうでしょうか。子育ての終わったまだまだ元気な夫婦や家族、三から四組が中心となってコアグループをつくり、ディベロッパーと共同でコウハウジングの開発を行います。

コアグループの中に開発に携わった人などがいればスムーズにことは運びます。全体の大きさは一七戸程度、それにコモンハウスが一棟。一軒あたり二坪分を共同部分へ提供すると、三四坪のコモンハウスが可能になります。

コモンハウスの中には、個人で持つには維持管理の手間も大変ですが、欲しい施設をいれます。たとえば、「露天風呂」。日本ですでに作られている共同施設付マンションでも共同浴場は大人気だそうです。また、「キッチンと食堂」は、米国のように毎週は無理かも知れないけれど、集まって飲んだり食べたりするのは楽しいもの。台所と座敷というのも良いかもしれません。そして「ゲストルーム」、遠くから家族や友人が訪れても長く滞在することができます。「貯蔵用冷凍庫」「電動のこぎり」「ボート」などを共同で利用することも可能です。

様々に夢は膨らみますが、基本は住む人たちの意見をまとめたものにすること。そうしなければ、共用部分は使われず、心地よいコミュニティも生まれない、ということになりかねません。

コモンハウスと四～五戸の住宅を完成させ、残りの一〇戸～一二戸を分譲していきます。図面上ではなかなか理解できないコモンハウスの暮らしも、そこで営まれていれば理解しやすいことでしょう。また、一部内装を仕上げずに後でメンバーで作ってい

別荘地コウハウジング模式図

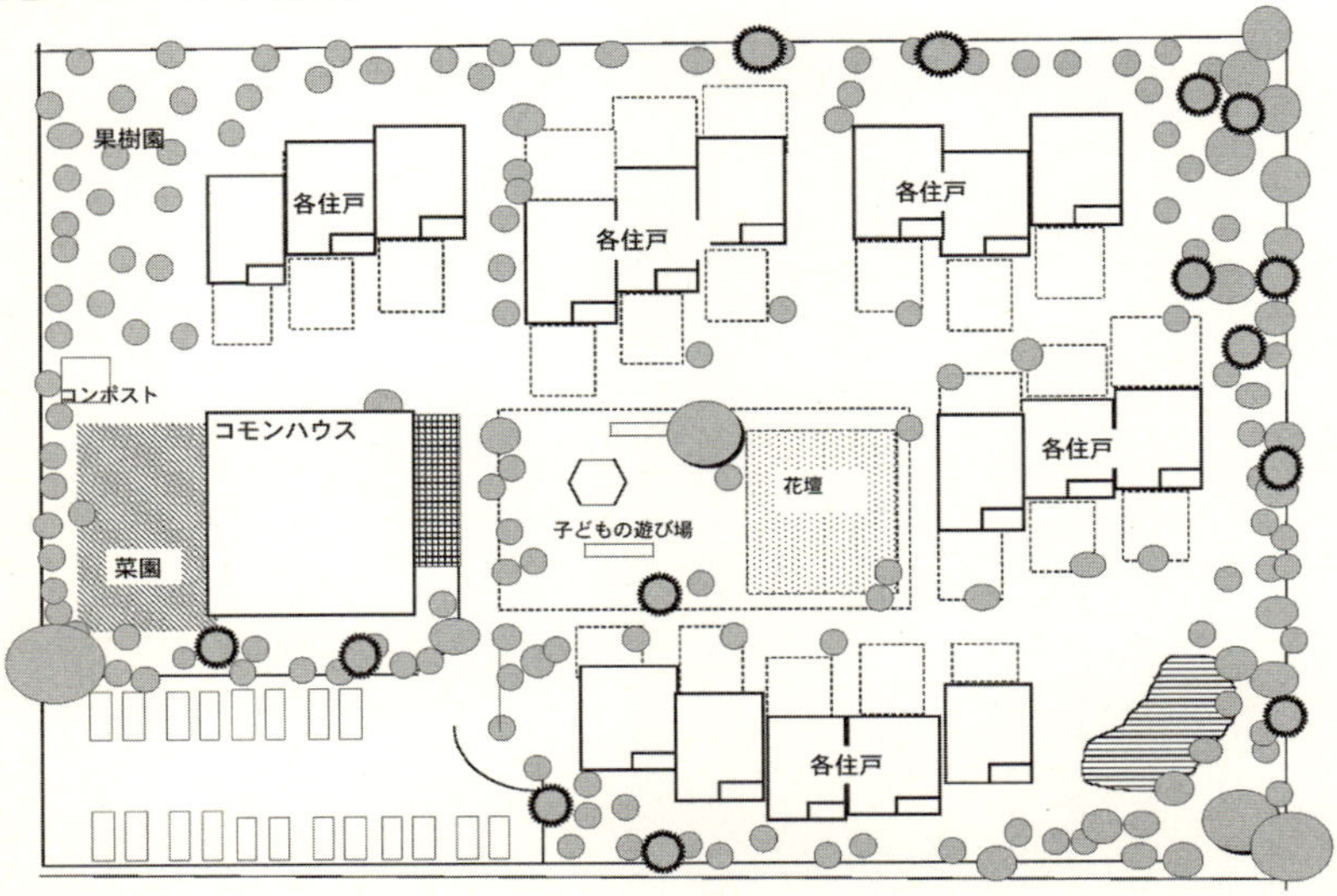

くのも工費の節約になり、後からの参加者の意向も反映できます。

コウハウジングなら、エコロジーが生きてきます。ゴミの分別やリサイクルも共同で行えば楽になります。菜園で無農薬の野菜の自給もできます。太陽熱利用や雨水利用も行いやすいのです。自然を生かし、人を生かすコウハウジングは「エコ・コウハウジング」と呼んでもよいでしょう。

土曜の夕方、皆で行った共同作業の後、遠い山並みに落ちる夕日を眺めながら、中庭でビールを飲むのは最高です。話し合える友人たちが近くにいて、一緒に小さな日常の喜びを分かち合えることは人生の宝です。そんな至福のひと時をコウハウジングは可能にしてくれるのです。

戸建て分譲のコウハウジング

戸建て住宅団地のコウハウジングをつくるとしたらどうなるでしょうか?

最近、コウハウジングで増えてきた手法が「土地販売によるコウハウジング」です。これなどは北欧では見られず、おそらく米国が最初なのではないでしょうか。

「ロットモデル」と呼ばれるこの方法は一九九三年にシアトルの「シェアリングウッド」で行われたのが最初です。

コモンハウスは話し合って自分たちでつくりますが、それぞれの住人の家は、自分の土地に、決められたデザインコンセプトに沿って各自が設計し、建築してゆくという方式です。

このシェアリングウッドを参考にして日本でのモデルをつくってみました。

日本の戸建て住宅地でもコミュニティの共有空間としてコモンスペースがつくられる例が少しずつ増えてきたようです。コモンスペースは道路でも宅地でもない中間的なスペースをまとまった形で確保したもので、道路に沿ってつながるだけの住宅団地より、コミュニティを意識したものです。四戸がコモンスペースを囲むものから一二戸が囲むものまでさまざまですが、空間としての共有と景観を生み出すことに重きが置かれているようです。

図は二二戸のコウハウジングのモデルで、首都圏郊外にあるニュータウンの集合住宅用に造成された敷地を想定しています。

共有施設のコモンハウスの南側には子どもの遊び場、その先に有機野菜の菜園、一方北側には落ち着いた花壇広場と三つのコモン広場があり、歩行者専用の通路でつながっています

いままでの戸建て住宅は車道からいきなり家に入るので、安全の面から外とのつながりも薄くなりがちでした。しかし、コウハウジングでは各コモン広場から自分の家に入るよう仕掛けられ、子どもの手をつながなくてもコウハウジングの地区内は安全に歩くことができるのです。

各区画は一八〇m²から二二〇m²程。コモンハウスおよびコモンの建設費用を入れると一五%程度価格は高くなりますが、定期借地権を利用したり、敷地全体を造成工事が少なくて済む一体整備で行うなど、できるだけ経費を抑え価格を引き下げることが今後のポイントです。

また、一部をアメリカのようにタウンハウスにしたり、賃貸住宅にする方法や、自分たちで建設を行うセルフビルドなどの工夫も考えられるでしょう。

こういったやり方で住まいづくりを行えば、戸建

戸建て分譲コウハウジング模式図

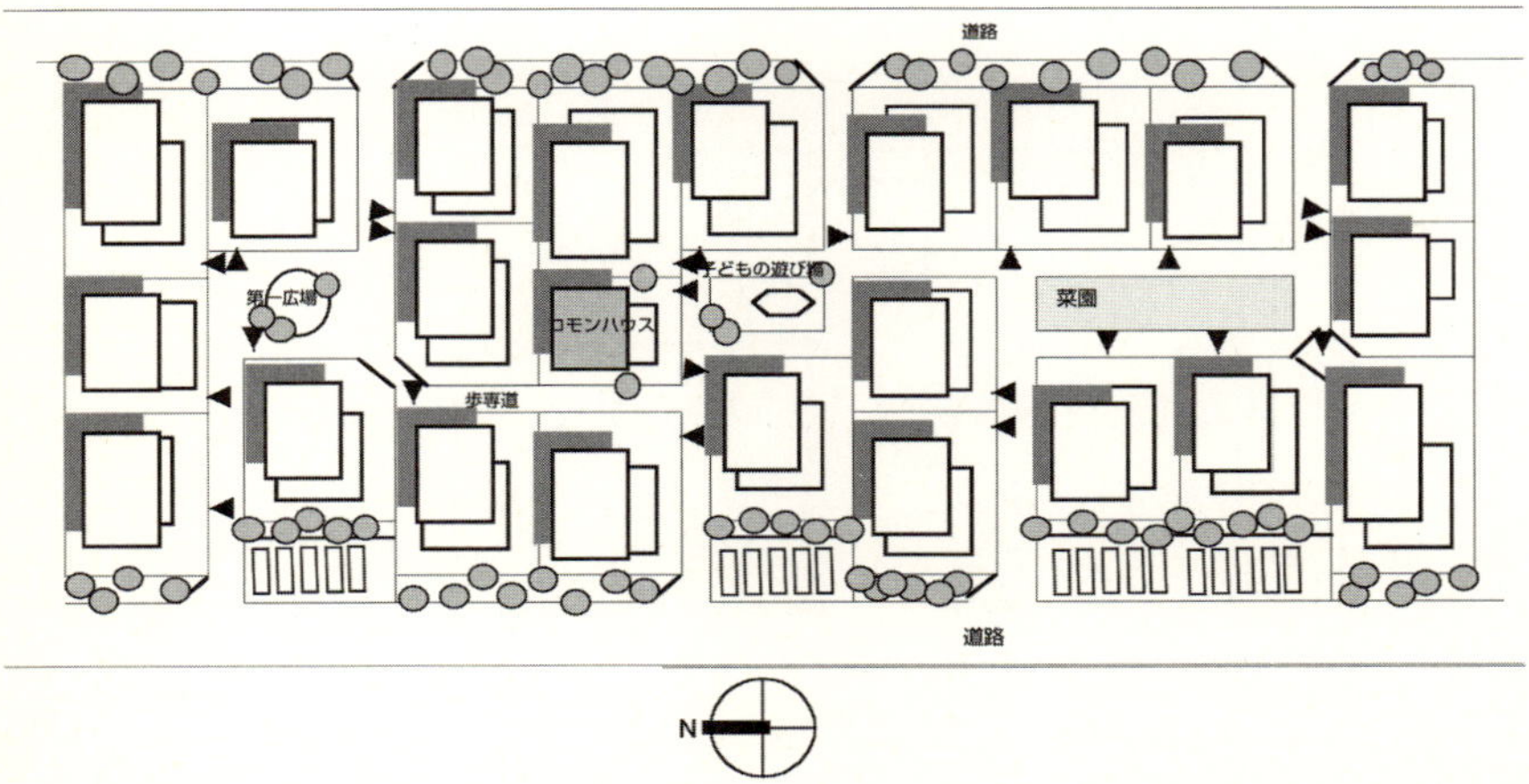

住宅地でも人と人とのつながりを強く持つことができます。交流のきっかけとなる仕組みが仕掛けてあるからです。

今まで戸建て住宅ではプライバシーの確保が重視されてきたように思います。しかし、実際はマンションより隣の声が筒抜けだったりします。

積極的に交流のシステムを取り入れ、プライバシーとのバランスがとれる新しい暮らし方が、この戸建てコウハウジングです。

グループホームのあるコウハウジング

介護保険法が施行され、さまざまな形の高齢者向け住宅や施設がつくられています。

その中で『グループホーム』は、障害者や痴呆高齢者の小さなグループに専門の介護者が付き、助け合いながら暮らしていくというシステムです。しかし、現状ではこの『グループホーム』は公的機関だけでなく個人で運営されている場合もあり、その人に何かあったらどうするのだろうと心配になります。また、一人で生きていくのが難しい障害者の場合、世話をする親族が年をとって支えきれなくなる

広場に面して台所・食堂がある日本型コウハウジング戸建て住宅モデル

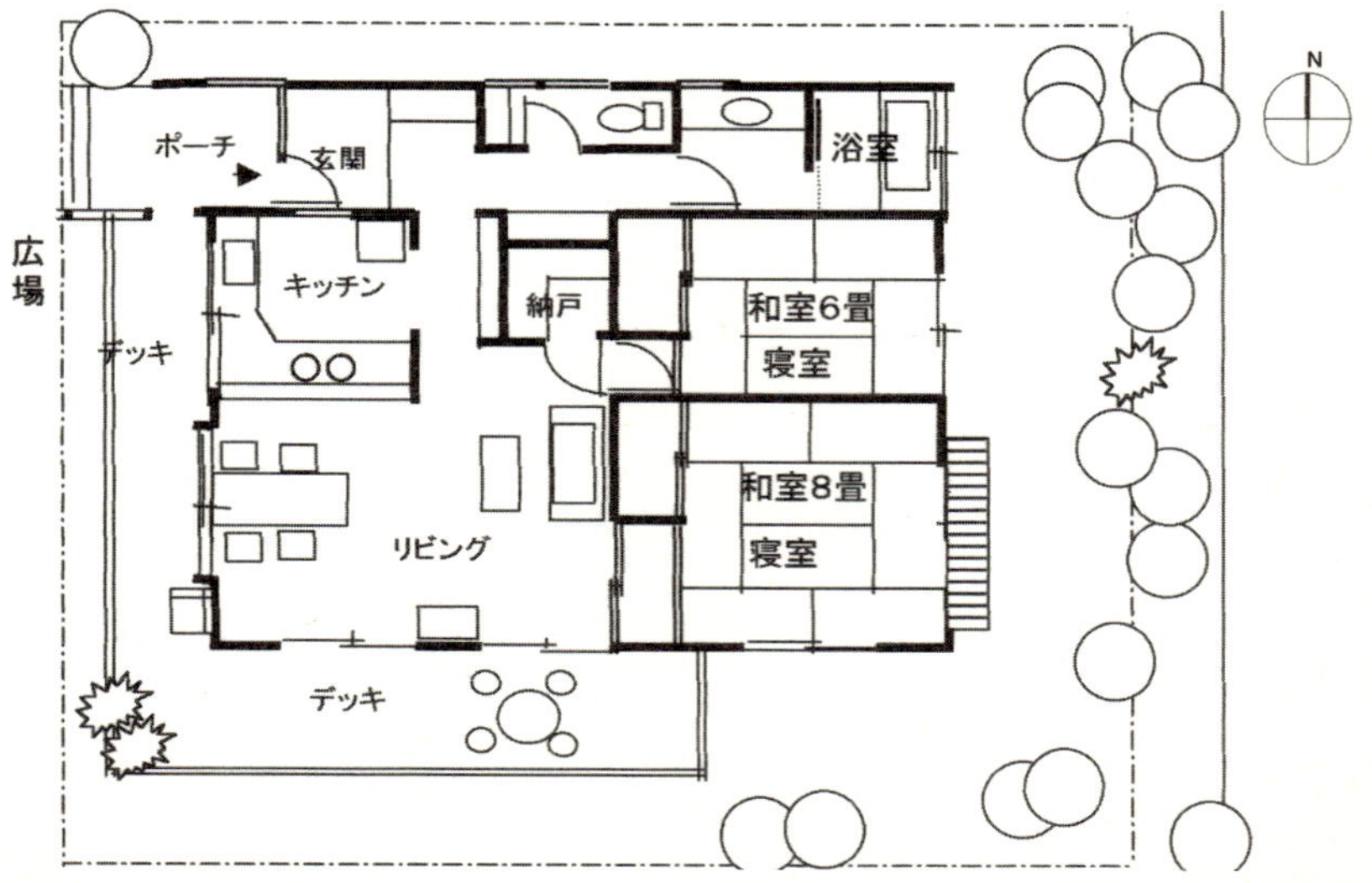

と、地域で暮らし続けることができなくなって、遠くの施設にいくしかない。そんな話も聞きます。

そこで、障害者と家族が中心になり、生きる場づくりとしての「コウハウジング」を提案したいと思います。

コウハウジングのコアメンバーはグループホームの家族です。家族の一員で障害のある人がグループホームを構成します。この例では五組の障害者を抱える家族が中心となります。またその家族を支えるコウハウザーには、介護の専門家とその家族もいます。

すなわち、全体で一五戸のうち五戸が家族世帯、そして一戸が介護の専門家世帯、この考えに賛同する家族で賃貸の住戸に入居する三世帯、そして単身者用賃貸の住戸が六戸という構成です。

今まで、サポートなしには暮らせない障害者の家族には、家族でサポートし続けるか、施設にゆだねてしまうかの二者択一しかありませんでした。自立して暮らしたい障害者はたくさんいます。また、家族もそれを願っています。つかず離れずでお互いの暮らしを大切にできる、このコウハウジングはそう

グループホーム・コウハウジングのイメージ

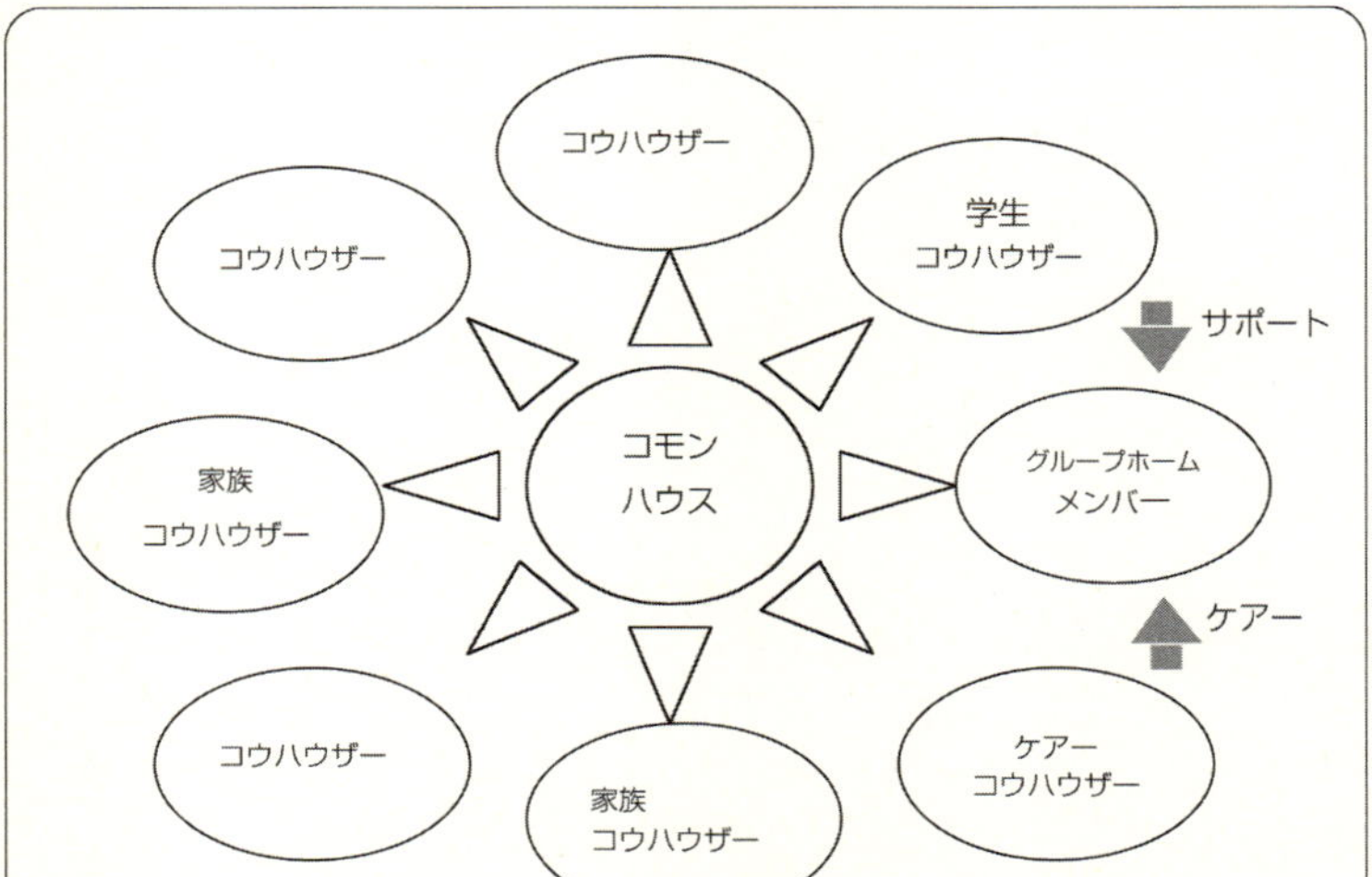

いう家族にぴったりです。

一方、サポートしていくにはエネルギーが必要です。六戸の単身者用のアパートは学生向きで、グループホームで規定の時間ボランティアすることを条件に賃貸料を安くしています。その上、福祉関連の学校の学生は福祉施設での実習が義務づけられますが、ここでのボランティアはその単位として認められます。

賛同した家族用の住戸が賃貸なのも、家族が変化していく中でボランティアが可能な時期は限られているからです。

コアメンバーとその他のメンバーは、共有施設の利用や共同作業への参加などに違いはありません。グループホームのメンバーも、できるところは参加します。学生は卒業していくので、絶えず新しいエネルギーの参加が可能になります。介護の専門家が中心になり、他のメンバーと相談しながら全体を運営するシステムは、グループホームの生活を支えていくことができます。

＊　＊

このように、コウハウジングはさまざまな生活ニーズを取り入れながらつくることが可能です。

「コミューン」が個人の暮らしを否定したのに対して、「コウハウジング」は、選択肢を自分で選び取るコミュニティです。個人の暮らしと人と人とのつながりを楽しむ、生活スタイルの一つです。

個人や家族だけでは、高齢社会や少子化などで起きる様々な問題を解決できません。自ら毎日の生活環境＝住宅や近所をつくり小さな自治を行う。そんな草の根の住人運動がコウハウジングの本質です。

第六章　座談会

―結びにかえて―

司会者　まずはじめに、どうしてコウハウジングに興味を持ったのですか？

露木　一九九三年当時勤めていた会社の上司から、サンフラシシスコで興味深い共同住宅を見てきた話を聞きました。「一二世帯二〇人が住む共同住宅で各住戸の他に、広い台所付共用スペース、子どものプレイルームと洗濯機のあるワークルームがあり、週三回共用の食堂で食事をする。二人がペアで五週に二回の割で食事をつくるそうです。」………

この話を聞いて、働きながら大変な思いをして子育てをしてきた私にとって、この住まい方に直観的に共感しました。

私も、保有園や学童保育に子どもを通わせながら、似たようなことをした経験がありました。仕事でどうしても帰れない時は、友達のお母さんに子どもを預かってもらい、夕飯を食べさせてもらい、ついでに母親もそこで食事をして帰る、ということをです。この様なことをきちんと形作り、管理、運営すれば日本でだってできないことはないと思いました。もちろん、難問はいっぱいあるでしょうが。

そして、アメリカから買ってきた一九八八年版の「コウハウジング」の本を見せてもらいました。

キャサリンとチャールズがデンマークに住んで得た経験を基に書いた本でした。その中に、次にはアメリカの事例を載せた本を出したいと書いてありました。私がアメリカから取り寄せた「コウハウジング」の本は一九九三年版のアメリカのコウハウジングの事例が載っているものでした。

辞書を片手に「コウハウジング」を翻訳してみると、どんどん惹きつけられて、デンマークも、アメリカも、日本も、人間として考えていることは変わらないと感じました。社会的背景は多少違っても、女性の社会進出、少子化、高齢化、核家族に伴う家の問題は共通項が多いと思いました。

協同して住むということは誰でもできるというわけではありませんが、住まい方の選択の一つとして、一人でも多くの人に知ってもらい共感した人と一緒に形づくりができたらと思うようになりました。

たまたま一九九七年の秋に開かれた北米コウハウジング会議に出席してアメリカのコウハウジングに住む人と話し、それを見てきました。そして私の考えていた日本版コウハウジングをその会議で発表すると、好評でした。またアメリカでもお金をかけないで同じようなことをやっているのを見て聞いて、日本でもできると確信を深めました。

山本　露木さんに面白い本を訳したからと翻訳を見せてもらいました。とても興味深く、何より、ハードなコミュニティづくりの解決法だけではなく、ソフト面での解決法、例えば、住民が行う開発とか、自主管理とかが加わっているのが新しいと思いました。

わたしの専門はビルやマンションといった建物でしたが、子育てを通し子どもと環境に強い関心を持つようになり、住宅地開発や環境設計を行なうコンサルタントで働きました。子どもの遊び場のあるマンションの企画や市民参加事業に携わるうちに、不動産的価値ではない、人間が生きる場としての価値を中心とした豊かな暮らしの創造はできないものかと考えていたのです。住民中心の参加のシステムについても、実際の経験からとても興味がありました。

それで本を見たときにぜひ行ってみたくなり、コウハウジング社に手紙を書きました。返事が来て、「九七年の秋にシアトルで北米コウハウジング会議があり、全米からコウハウジングに携わる住民や専門家が参加するのでそれに来てはどうか?」というのです。そこで、露木さんと行くことにしました。ほとんどスケジュールはつくらないで行ったのですが、会議の主催者が私たちにたくさんコウハウジングを体験出来るよう手配してくれました。また、その時知り合いになった人たちのコウハウジングをサンフランシスコ周辺で見ることができました。

堀田　わたしは露木さん、山本さんとは別ルートで、もう一〇年以上も前の八七年のことになるんですが、仕事でおつき合いのあるマーケティング会社の草分け的な女性経営者から、こんなおもしろい住まい方があるのよ、と紹介されたのがきっかけです。

そのときは今振り返ると、ここで取り上げたコウハウジング社がアメリカで産声をあげたばかりの頃で、当然ながら第一号のミュアコモンズが建設中だったこともあり、もっといろいろな共同で住む住まい方の一つとして受け止めてました。

ただ、これからの住まい方として仕事上も気になるテーマだし、個人としても、子育てファミリーにももちろん良いけれど、子どものいない私たち夫婦が「二人ぼっち」にならない住まい方としていいなあ、と思っていたわけです。

それでようやく、この間が長いんですけど、九六年に当時勤務していた研究所で研究テーマとしてとりあげることができたので、レポートをまとめたわけです。

＊

司会者　アメリカのコウハウジングを見学されて特に印象に残ったことは何ですか?

露木　コウハウジング会議に出席していた男性は髭をはやしていたり、女性もラフな格好でとてもお金のある人には見えませんでした。コウハウジングの個人の家を見せてもらった時も、お金をかけてあるという感じはしませんでしたが、手づくりで個性を出していました。それぞれが自分のものを持っていて、自分の生活を謳歌している感じでした。経済大国アメリカの中ではかなりユニークな生き方かもしれませんが、経済大国だからこそ、このような住まい方が受けいれられたのかもしれません。

山本　聞いていた北欧のコレクティブ住宅と違い、木造のテラスハウスや一戸建てが多いですね。また、一戸当りの面積も狭く、日本の住宅規模と変わらないことで日本でもつくれるのではと考えました。また共同で暮らす事はエコロジーだと言います。共有の図書館は蔵書も多く、知識を共有するという視点でうらやましく思いました。洋服などもきちんと区分してリサイクル利用していました。

堀田　私も同じようなことを感じました。コウハウジングのコミュニティは、これぞアメリカ、といったゴージャスな生活ぶりは全くなくって、特にNストリートなどはお金がなくても知恵を出しあってコミュニティを運営しており、知的なナチュラリストという感じ

Nストリートコウハウジングのコモンオフィス

でした。

またSOHOが増えているといわれますが、自宅をオフィスにしている人が何人かいました。これは特にコウハウジングの居住者に限ったことではないかもしれませんが、職場で人と話をしてヒントをつかむといったことがないのがホームオフィスの欠点といわれますよね、そんな場合でもこういうところだと他の人との接触があって結構いいんじゃないかなあと羨ましくなりました。

＊

司会者　アメリカのコウハウジングの暮らし方を日本で紹介して反応はどうですか?

露木　御主人を亡くして子ども達も独立して海外に住んでいるという独り住まいの婦人がいて、彼女は今、広い敷地にアパートを建てて住んでるんですが、今度そこを壊して、みんなが食事をしたり、お茶を飲んだりできる、コモンハウスを持ったコウハウジングに建て替えたい。コモンハウスはアパートに住む人が誰でも使えて、外部の人にもギャラリーとして解放して、残された人生、色々の人と交流して過ごしたいと語ってくれました。

山本　私たちは二年間で九回のスライドショーという出前講座を持ちました。共同保育をするお母さんの集まりや大学、専門家の集まりなどです。この暮らしかたに反対する人はほとんどいませんでした。高齢社会には絶対必要な暮らし方だという意見がある一方、安上がりな福祉として利用されるのではという意見もありました。でもこのようなコミュニティとプライバシーの程よい関係は誰もが望んでいるようです。

堀田　特に一人暮らしや私のような子どものいない女性の反応がやっぱり一番早いですね。「いいわねえ」って。それから「でも日本でつくると高いんじゃない？」とか「家事の分担はどうするの」とか、「月々の費用はどのくらいになるのか」とか。地価が下がったといっても、やっぱり住宅は高いんでそこを気にする方が多いですね。

それに比べて男性は「なんでわざわざそんなことしなけりゃならないんだ」とか「気が合わなかったらどうするんだ」、とか建築をやっている人でもノリが悪い人が多いですね。プラス面をみないでマイナス面を指摘する人が特に今の四〇代、五〇代の働き盛りの人に多いような気がします。

＊

司会者　日本でこれからこのような、血縁に頼らない新しい形の住まい方が広まると思いますか？

露木　最初にこのような住まい方をする人はパイオニア精神を必要としますので、とても大変だと思いますが、やりがいはあると思います。一つ二つとできれば必ず広がっていくと思います。十年単位の時間はかかるでしょうが。

山本　広まると思います。もちろん北米で広まったものと同じではないとは思いますが。土地の値上がりによる資産の増加を持ち家という夢の中でかなえる時代は終わりました。住宅は資産ではなく暮らしの基本です。間取りだけにこだわった家づくりでは解決できない問題を、話し合いながら自分たちで解決する方法の一つとしてコウハウジングはあります。

堀田　私も確実に増えてくると思いますし、またすでにいろいろな取組みがはじまってますよね。私が最初にアメリカでの話を聞いた十年前に比べて、もっと世帯の分化も進んだし、なによりもこの先どうなるんだろう、という不安の強い時代になってます。

そんなときに安心できる人たちとコミュニティをつくれるというのは心強いんじゃないでしょうか。少子化で血縁に頼る時代にはもう戻れなくなってますし、家族が孤立するんじゃなくて、自立して共に暮らすこのような住まい方は受け入れられてゆくと思います。

＊

司会者　日本でこの様な住まい方を始めようと思った時、一番困難と感じる事は何でしょうか？

露木　企業社会で早く帰れない企業戦士を説得することです。男性の共鳴者が増えたらいいと思っています。

山本　コウハウジングの暮らしかたは、話をすると女性はほとんどの人が賛成してくれます。ただ、男性は生活者としての暮らしが少ない人が多く、団塊の世代の男性は家事を共同で行うことに対して自分がやらないのなら良い、という反応でした。しかし、これからの男性はどうでしょうか。また、地価の高さは開発を自分たちで行うことを難しくしています。土地を買わないで行える方法、たとえば、定期借地権などの可能性やNストリート型の今ある住宅地で行う方法なら可能だと思います。

堀田　やはり地価の高さでしょう。下がってきたとはいえ、まだまだ都市部では高く、特に東京で考えると果樹園だの菜園だのを持つまでの豊かな環境を望むのは難しいような気がします。

ただ本書の第五章で提案したように、定期借地権を使ったり、賃貸として考えたりといろいろやり方を工夫して、若い世代でも、また高齢の方でも住むことができるように十分知恵を絞る必要がありますね。

＊

司会者　世界的に見て女性の社会進出、女牲の社会的地位、核家族化の進行とこの様な住まい方と関係があると思いますか？

露木　北欧でもアメリカでも最初はこの様な住まい方に女牲が大変興味を示し、草の根的運動として発達したと聞きます。十八才になると家を出て行くのが当り前の社会で、親も子も早くから自立します。女性は結婚しても多くの人が働き続けます。そうするとお手伝いさんがいたり、大家族だった頃の家の考えではいろいろ歪みが出てきました。仕事もし、子育てをしながら、家でも家事をすることは、男女平等を唱える社会でも大変のようです。公的援助にも限界があります。また離婚率が高く片親の家庭が多くなったことも関係しているようです。

南欧のスペインやイタリアでは大家族で暮らすことが多いようで、このような暮らし方はあまり聞いたことがないですね。

山本　女性でも男性でも、一昔前、地縁型のコミュニティで暮らしていたころ、その良さより重くのしかかるプライバシーを無視したものの一つに近所づき合いがある、と考えた人たちが都会に出て、地縁に束縛されない暮らしをしてきました。しかし、「家族や個人だけではどうにもならない問題がある。人は一人では生きていけない。」ということを実感していると思います。また、高齢社会で女性は介護する側として期待されていますが、家のことは女性、という考えがそうさせていると思います。

堀田　女性の問題としてだけでなく、社会の枠組みの中で家族の崩壊が進んだ結果だと思うのです。揺り戻しがきているのではないでしょうか。

一方で、深刻化している環境問題の側面からみても、個で暮らすエネルギーや資源のロスを少しでも減らす手だてとして、共同での家事やモノをシェアする暮らし方は有効だと思います。

＊

司会者　最後に何か一言ありますか？

露木　日本では住教育というものがないに等しい気がします。文明社会というには住文化に対しての考えがお粗末過ぎると思います。具体的には、箱物としての住宅ではなく、どのような暮らし方をしたいかという個人の考えをはっきり持つことです。これは一朝一夕に身につくものではありませんし、住宅展示場にいっても住まい方は教えてくれません。どのような住まい方があるかを学び、それを上からではなく、下からの声としてこういったものにしたいとなった時、本当に住人参加の住まい方になる気がします。行政にも下からつくられた地域コミュニティの良さを理解してもらい、援助して欲しいと思います。

山本　アメリカで感じたことなのですが、コウハウジングは一つの選択肢としてすばらしいものですが、だれにでも良いというものではありません。「話し合いで決める。」ということも「根回し」という方法論で暮らしてきた私達にはなかなか難しい。ただ、キーワードは「フェア」な暮らし方、生き方だと思うのです。賛成がいれば反対もいる。その中で折り合いをつけて事業を進めていくやり方は民主主義の根本と同じだと思います。北米でもデンマークのやり方だけではない方法で全米に広げています。日本なりのやり方があるはずです。また、コウハウジングはＮＰＯ、草の根の運動で広がっていきました。今まで日本で行われてきた不動産会社が事業を起こし、土地を造成し建物を建て、客が買うという流れの開発とはその方法がまったく異なります。住みたい人が集まり事業を行うということは住宅開発としては画期的だと思います。

この間、こういったコウハウジング開発を進めていくために専門家のセミナーに参加してきました。ずいぶん事業方法が洗練されてきたという印象を持っています。日本に広めるために、スライドショーや専門家向けセミナーを開いて皆さんに知っていただくことがはじめの一歩と考えています。また、コウハウジングのコンサルタントとして事業サポートを行いたいとも考えています。

堀田　成功事例をはやくつくることだと思います。最初は法制度や税制、融資制度などサポートする仕組みがない中で手探りでのスタートとなるでしょうが、一つ二つと増えて行くことで急速に周りの理解も深まるし、サポート体制もできあがってゆくでしょう。コモンに対する補助制度とか税の軽減、容積率の一段の緩和といったことを実績を積みながら達成していければいいなあと。その動きを進めるためにぜひわたしたちも協力してゆきたいと考えてます。

巻末資料・コウハウジングネットワーク（TCN）について

正式名称はThe Cohousing Network（TCN）。もともと一九九四年から年三回、「コウハウジング・ジャーナル（CoHousing）」という会報誌を発行しコウハウジングをつくろうとする人への情報提供を行っていましたが、一九九七年シアトルで開かれた北米コウハウジング会議で、それまでアメリカ各地でばらばらに活動していたコウハウジンググループや専門家たちが話し合いを行い、全米をネットしてコウハウジングを支えるNPO（非営利法人）組織へと拡大しました。

運営は全米のコウハウジングに住む一四人の委員で構成されており、会費制で、会員にコウハウジングをつくるための情報提供、教育、専門家の派遣仲介などを行っています。

本書の著者でもあるキャサリンとチャールズも専門家のメンバーとして活動し、その他にも十社近くのコウハウジングをサポートする会社が連携して、住民と共に活動しています。インターネットのホームページ（http://www.cohousing.org/index.html）もよく整備されており、ここからそれぞれのコウハウジングにリンクすることができます。

一九九九年秋、マサチューセッツ州アマーストで開催された「北米コウハウジング会議」にはカナダ、オーストラリア、イギリス、ニュージーランドなどから、コウハウジングに関心のある人々が二百人以上参加。開催地のコウハウジングで、コモンミールやワークショップなどを体験しながら、「参加のプロセス」や「デザイン」「自主管理の方法」、などの話し合いが行われました。

このように北米におけるコウハウジングの発展にはこのネットワークが欠かせないものになっています。

コウハウジングネットワーク（TCN）の組織と仕組み

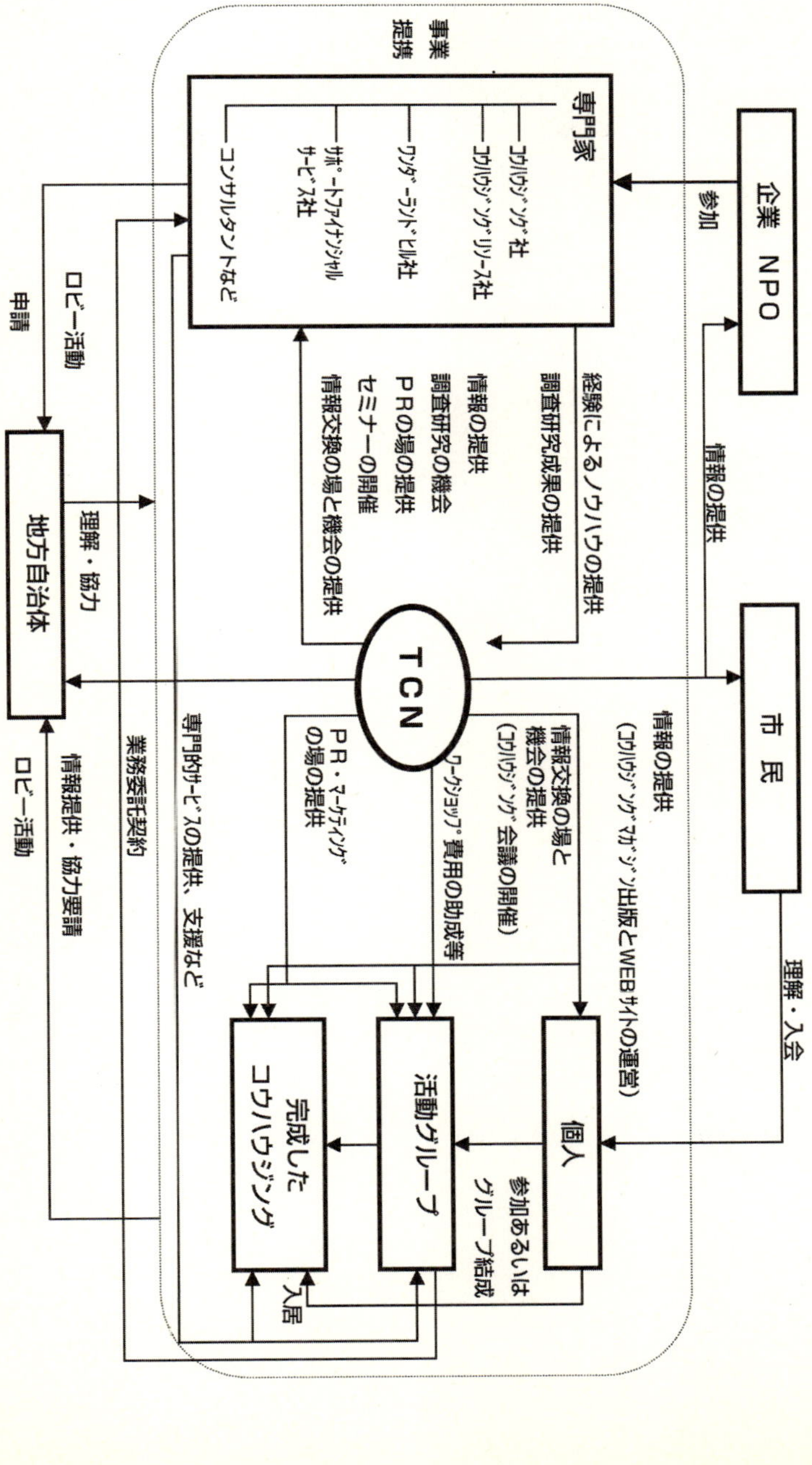

作成　桜井典子（日本女子大学住居学科博士課程）及び山本

巻末資料・コウハウジング研究会紹介

コウハウジング研究会設立のきっかけと目的

一九九七年九月に露木、山本が北米コウハウジング会議に出席。本書の共著者でもあるキャサリンとチャールズに会ったのがコウハウジング研究のきっかけです。その後、コウハウジングを研究テーマとし、日本にコウハウジングを紹介したいと考えていた堀田との出会いがあり、三人で「コウハウジング研究会」を発足させました。

以降、研究会としてビデオやスライドでアメリカのコウハウジングを紹介する活動をしてきています。これまでに左頁の表にあるコウハウジングを訪問し、取材してきています。

現在、アメリカのTCNと連携しながら、日本でオリジナルなコウハウジング建設を目指すNPO、CNJ（コウハウジング・ネットワーク・ジャパン）の設立を企画しています。

コウハウジング研究会連絡先

新宿区高田馬場2・8・3　暮らしのスペース研究所内

FAX：03-3205-6978

E-mail：mt_book@d9.dion.ne.jp

取材先コウハウジング一覧

（面積の単位は㎡）

	州	都市	名称	完成年	立地	敷地面積	戸数	事業方式	所有形態	建築形態	コモンハウス規模	コモンハウス施設	その他の共有施設
1	CA	デービス	ミュア・コモンズ	1991	NT内	11,735	26	ディベロッパー主導	区分所有	木造タウンハウス	341	キッチン・食堂・リビング・子ども部屋・客用寝室・ティーンの部屋・洗濯室・エクササイズ室	工作室・菜園・果樹園
2	CA	エマリービル	ドイルストリート	1992	市街地	1,300	12	住人主導	区分所有	鉄骨一部レンガ造集合住宅	195	キッチン・食堂・リビング・子ども部屋・工作室	ホットタブ
3	CA	デービス	Nストリート	1986～	住宅地	約8,500	14	自然発生	区分所有	既存木造戸建て	既存住宅の1F 92	キッチン・食堂・リビング・事務所（2階　貸部屋4室）	ホットタブ・サウナ・子どもの遊び場・鶏小屋・菜園・洗濯室他
4	CA	サクラメント	サウスサイドパーク	1993	市街地	5,230	25	再開発	区分所有	木造タウンハウス	233	キッチン・食堂・リビング・子ども部屋・工作室・洗濯室	工作室・菜園
5	CA	バークレー	バークレー	1997	市街地	3,000	14	住人主導	区分所有	木造タウンハウス再利用	既存住宅の1F	キッチン・食堂・リビング・事務所・洗濯室	子どもの遊び場
6	WA	シアトル近郊	ウィンズロウ	1992	住宅地	22,235	30	住宅組合方式	協同組合	木造タウンハウス	465	キッチン・食堂・リビング・子ども部屋・客用寝室・ティーンの部屋・洗濯室・エクササイズ室	果樹園・菜園・工作室・陶芸室・鶏小屋
7	WA	シアトル近郊	シェアリング・ウッド	(1993)	郊外の森	157,800	27	住人主導	区分所有	土地分譲	200	キッチン・食堂・リビング・子ども部屋・客用寝室・食糧貯蔵庫	森・ホットタブ
8	WA	西シアトル市	ピュージェットリッジ	(1994)	住宅地	10,118	23	住人主導	区分所有	木造戸建て/同タウンハウス	372	キッチン・食堂・リビング・子ども部屋・客用寝室・洗濯室・事務所	菜園・子どもの遊び場
9	MA	アマースト	パイオニアバレー	1994	郊外	93,081	32	住人主導	区分所有	木造戸建て	418	キッチン・食堂・リビング・子ども部屋・客用寝室・ティーンの部屋・洗濯室・エクササイズ室・図書館	果樹園・菜園・工作室・オフィス
10	MA	アマースト	パインストリート	1994	郊外	21,060	8	住人主導	区分所有	木造戸建て	建設予定	納屋	牧草地・菜園
11	MA	ボストン郊外	ニュービュー	1996	住宅地	78,670	24	住人主導	区分所有	木造戸建て	215	キッチン・食堂・リビング・子ども部屋・客用寝室・エクササイズ室・図書館	プール・牧草地・菜園
12	MA	ケンブリッジ	ケンブリッジ	1998	市街地	5,665	41	住人主導	区分所有	木造プレハブ4階建て集合住宅/木造タウンハウス	693	キッチン・食堂・リビング・子ども部屋・客用寝室・音楽室・洗濯室・エクササイズ室・図書館・娯楽室	子どもの遊び場・菜園

コウハウジング研究会メンバー略歴

●露木　洋子

長野県生まれ
工学院大学建築学科卒業
設計工房　凪　主宰
一級建築士、インテリアプランナー
個人住宅、コーポラティブ住宅、集合住宅の設計監理
住まい方、暮らし方のコンサルタント

●山本　典子

長野県生まれ
工学院大学建築学科卒業
暮らしのスペース研究所　代表（コウハウジングコンサルタント）　一級建築士　㈱宅地開発研究所でコーティネーターとして参加のまちづくりに携わる。北米コウハウジング専門家セミナー参加。アメリカTCNと連携しながら、無駄のない事業プロセスを提供し、日本でコウハウジングの実現を目指す。
共著：「キッズプレース：子どもの居心地のよい環境」ささら書房　「家づくりその前に」三省堂

●堀田　佐都子

兵庫県生まれ　一橋大学　社会学部卒業
前㈱東急総合研究所　主任研究員　現在は東急不動産㈱勤務
東急不動産㈱を経て㈱東急住生活研究所及び㈱東急総合研究所にて不動産市場、マーケティング、住まい方などの研究に携わる。コウハウジング研究は一九九五年㈱東急総合研究所において自主研究として取組んだ。

執筆分担

コウハウジング研究会での、本書の執筆及び編集の分担を以下に示します。

はじめに……堀田
第一章……堀田
第二章　1……堀田　2……露木　3……山本　4……露木
　5……露木　6……堀田　7……山本
第三章……山本（編）
第四章……露木（編）
第五章　1……露木
　2……戸建てをコウハウジングに……露木
　マンションをコウハウジングに…堀田
　3……山本

左より露木、山本、堀田

謝辞

本書の執筆にあたり現地取材にご協力頂いた北米各コウハウジングの方々、ＴＣＮのゼヴZev Paiss、コウハウジングジャーナルのドンDon Lindermann、コウハウジングに取組むきっかけを与えて下さった㈱インテリジェンス・サービス社主越川禮子氏、中央設計社長永橋為成氏、そして研究を支援し資料を提供頂いた東急総合研究所島津良樹氏、図面作成にあたりアドバイスを頂いた宅地開発研究所の井本肇、吉田洋子の各氏、また出版を引き受けて下さった風土社社長山下武秀氏、編集担当の松永晃氏、その他多くの方々の御協力を頂き、ようやく出版にこぎつけることができました。ここに謝意を表します。

最後にすてきなイラストを書いてくれた露木茜さんそして三人の夫たちに感謝。

コウハウジング
欲しかったこんな暮らし！
子育て、安心、支え合う仲間たち…アメリカの新しい住まいづくり

2000年9月25日　第一版第一刷発行

著者……コウハウジング研究会、チャールズ・デュレ、キャサリン・マッカマン
発行人……山下武秀
発行所……㈲風土社
印刷所……㈱東京印書館

〒101-0064東京都千代田区猿楽町1-2-3錦華堂ビル2F
（風土社注文センター TEL03-5392-3604 FAX03-5392-3008）

表紙・扉／イラストデザイン　露木茜

ISBN4-938894-38-6 C3052 ¥1800E
（本体1800円＋税）